# As Três Revelações

Yvonne A. Pereira

# As Três Revelações

3º livro

Obra orientada e dirigida pelos Espíritos guias da médium para o aprendizado dos iniciantes durante os serões no lar.

FEB

*Copyright* © 1979 *by*
FEDERAÇÃO ESPÍRITA BRASILEIRA – FEB

1ª edição – Impressão pequenas tiragens – 1/2025

ISBN 978-85-7328-921-3

Todos os direitos reservados. Nenhuma parte desta publicação pode ser reproduzida, armazenada ou transmitida, total ou parcialmente, por quaisquer métodos ou processos, sem autorização do detentor do *copyright*.

FEDERAÇÃO ESPÍRITA BRASILEIRA – FEB
SGAN 603 – Conjunto F – Avenida L2 Norte
70830-106 – Brasília (DF) – Brasil
www.febeditora.com.br
editorial@febnet.org.br
+55 61 2101 6161

Pedidos de livros à FEB
Comercial
Tel.: (61) 2101 6161 – comercial@febnet.org.br

Adquirindo esta obra, você está colaborando com as ações de assistência e promoção social da FEB e com o Movimento Espírita na divulgação do Evangelho de Jesus à luz do Espiritismo.

Dados Internacionais de Catalogação na Publicação (CIP)
(Federação Espírita Brasileira – Biblioteca de Obras Raras)

P436t    Pereira, Yvonne do Amaral, 1900–1984

As três revelações: obra orientada e dirigida pelos espíritos guias da médium, para o aprendizado dos iniciantes durante os serões no lar. Yvonne A. Pereira. – 1. ed. – Impressão pequenas tiragens – Brasília: FEB, 2025.

220 p.; 23 cm – (Coleção Yvonne A. Pereira)

ISBN 978-85-7328-921-3

1. Evangelização Espírita Infantojuvenil. 2. Espiritismo. I. Federação Espírita Brasileira. II. Título. III. Coleção.

CDD 133.9
CDU 133.7
CDE 82.00.00

# Sumário

Apresentação 7
Prefácio 11
Introdução 13

## Primeira Parte
### A Primeira Revelação 15

1 Deus se revela aos homens? 17
2 Atributos da perfeição de Deus 23
3 O profeta Moisés 27
4 A lição de análise 33

## Segunda Parte
### A Segunda Revelação 57

1 A segunda revelação 59
2 No sermão da montanha 63
3 Análise da oração dominical 69
4 Evangelhos 75
5 Prossegue a conversação 81
6 O bom samaritano 87
7 A preocupação de Eneida 93
8 Durante o recreio 101

9 Uma linda parábola     111
10 Últimas páginas     119

## TERCEIRA PARTE
### A TERCEIRA REVELAÇÃO     129

1 A Doutrina dos Espíritos     131
2 Fora da caridade não há salvação     137
3 Dar de graça o que de graça receber     145
4 O perispírito     151
5 A reencarnação     157
6 A mediunidade     163
7 A psicografia     171
8 A comunicação dos Espíritos     177
9 A voz do Consolador     185
10 Conclusão     195

Referências     199

# APRESENTAÇÃO

É com júbilo e emoção que a Federação Espírita Brasileira (FEB) traz a público quatro livros inéditos de Yvonne A. Pereira, os quais, embora inspirados mediunicamente, foram, todavia, assinados pela grande médium por determinação de seus guias espirituais, à semelhança do que ocorreu com as obras *Devassando o invisível* e *Recordações da mediunidade*, igualmente de sua autoria, publicadas pela FEB, respectivamente, em 1964 e 1968.

Esses manuscritos eram em número de dez, conforme registros existentes na FEB: *Contos amigos, Evangelho aos simples, A família espírita, A lei de Deus, O livro de Eneida, O livro imortal, Páginas do coração, Pontos doutrinários, As três revelações* e *A vida em família*.

A FEB os teve sob sua guarda durante algum tempo, com as respectivas cessões de direitos autorais, até que a própria médium pediu a devolução, pois a Casa de Ismael não poderia atender a seu pedido de publicação imediata.

Sobre o destino que se teria dado a esses manuscritos, após sua devolução à médium, não existia nenhum registro concreto, a não ser especulações.

Há cerca de um ano, familiares de Yvonne A. Pereira nos confiaram quatro desses manuscritos, que transferimos imediatamente à FEB, a saber, *A família espírita, Evangelho aos simples, As três revelações* e *Contos amigos*, declarando eles também nada saberem a respeito dos seis restantes.

Sobre as obras em si, seu atualíssimo conteúdo, apesar de haverem sido escritas entre 1964 e 1971 — há mais de quarenta anos, portanto — nada diremos, preferindo respigar trechos dos textos que introduzem cada obra.

De "Advertência aos pais de família", texto com que Bezerra de Menezes apresenta a obra *A família espírita*, colhemos:

> Pediram-me que patrocinasse uma exposição da moral evangélico-espírita para uso dos pais de família nos primeiros passos da educação religiosa e filosófica dos filhos.

[...]

> Estas páginas, porém, foram escritas de preferência para os adultos de poucas letras doutrinárias e não propriamente para crianças, visto que para ensinar a Doutrina Espírita aos filhos é necessário que os pais possuam noções doutrinárias, um guia, um conselheiro que lhes norteie o caminho.

Em *O evangelho aos simples*, a médium insere, em suas palavras introdutórias, sob o título "Aos pais", as seguintes instruções de Bezerra de Menezes:

Escreveu ele, orientando-me:

> Reúne cabedais da vida real, relativos à criança, para desenvolver os temas das lições. [...] Nada inventes, nada cries de ti mesma. Será necessário que te apoies unicamente em fatos legítimos e não em ficções. Jamais apresentes à criança o ensino evangélico-espírita baseado na inverdade. Narra apenas acontecimentos comuns da vida relacionados com a própria criança. As intuições levantarão de teu âmago sob o influxo dos instrutores espirituais, facilitando-te o trabalho.

Em sua "Introdução" à obra *As três revelações*, Bezerra de Menezes sentencia:

Erro seria supor que a infância moderna se chocaria frente à verdade espírita e à transcendência evangélica. Habituada à brutalidade dos costumes atuais, presa a uma literatura forte e destrutiva, que lhe apresenta o pior tipo da conduta humana, seria descaridoso, seria mesmo criminoso desinteresse deixá-la entregue a tal aprendizado sem o reativo da magnificência da Verdade que do Alto há jorrado para socorro dos necessitados de progresso, de paz e de luz.

E, finalmente, em *Contos amigos,* lemos no "Prefácio" ditado pelo generoso coração de Yvonne A. Pereira:

> Estas páginas, em sendo a expressão da realidade vivida no dia a dia da existência humana, são também produções da nossa faculdade mediúnica, que obteve, por meio de intuições, o influxo poderoso da Espiritualidade, sua orientação e direção a fim de escrevê-las. Nicolau, Paulo Aníbal, Gervásio, Raimundinho, Antenorzinho, Tharley, Maurício, Joaninha, D. Teresa, todos os figurantes aqui apresentados são individualidades que realmente existiram neste mundo e laboraram, ou ainda laboram, nos arraiais espíritas como dedicados intérpretes da orientação do Alto.

O leitor atento saberá distinguir, no conteúdo das quatro obras, a temporaneidade de ambientes, cenários, práticas, costumes, linguagens, e a intemporalidade do ensino moral, todo fundamentado nos ensinos e exemplos de Jesus e explicados, em espírito e verdade, pela Revelação dos Espíritos.

Que os corações de boa vontade se abram aos jorros de luz da obra concebida no venerando coração do Espírito Bezerra de Menezes e oferecida à sociedade através das faculdades mediúnicas de sua dileta pupila, Yvonne A. Pereira!

AFFONSO BORGES GALLEGO SOARES
Brasília (DF), maio de 2013.

# Prefácio

Como todos os demais livros que, mercê de Deus, tenho obtido por via psicográfica, este e os demais volumes desta série para iniciantes foram guardados durante vários anos. Muitas dificuldades, mesmo desgostos e desânimo, foram-me necessários transpor a fim de conseguir concluí-los. Verdadeiro espinheiro interceptou-me os passos durante a confecção de todas estas páginas. Cada um dos meus companheiros de jornada doutrinária, a quem eu, ingenuamente, pedia conselhos e opinião sobre o que vinha obtendo mediunicamente, desanimava-me até o desalento, pois suas ideias pessoais, suas opiniões contraditórias divergiam flagrantemente dos ditados, ou das opiniões que os amados guias espirituais sussurravam às minhas intuições, na solidão do meu humilde recinto de trabalho, pela madrugada, horário propício à minha confabulação do Além. Fui mesmo aconselhada a não tratar de determinados assuntos, porque estes chocariam esse ou aquele outro confrade, que pensavam de forma diferente. E por essa razão vários pontos educativos que poderiam ter completado este e os demais volumes da série, como, por exemplo, os exercícios de fixação, inspirados em *O livro dos espíritos* e o vocabulário espírita específico, para auxílio ao leitor iniciante, aqui deixaram de figurar.

Desanimada, encerrei os originais em gavetas que muitas vezes têm retido outros trabalhos. E não pensaria mais em tentar publicá-los se a voz protetora do Além, na individualidade dos meus amados instrutores espirituais Adolfo Bezerra de Menezes, Charles, Léon Tolstoi e Inácio Bittencourt não viessem reanimar meu coração a prosseguir na obra.

Guardadas, pois, estiveram estas páginas, em meu poder, durante 12 anos. "Se esses singelos capítulos doutrinários te foram ditados do Além — disseram eles —, se aceitaste a tarefa, será preciso concluí-los, sejam ou não publicados."

Assaltou-me então o receio de retornar à vida espiritual desobedecendo ao incentivo dos meus maiores conselheiros, que tão bondosos têm sido para mim e tantas lágrimas enxugaram dos meus olhos. E por isso obedeci-lhes, concluindo a tarefa.

YVONNE A. PEREIRA
Rio de Janeiro (RJ), 11 de maio de 1979.

# Introdução

Na época atual da Terra, quando crises morais agitam a sociedade, tentando a extinção do respeito a Deus e, portanto, a extinção do sentimento mais elevado que poderá enaltecer o coração humano, será bom que o espírita zele por suas crianças, preparando possibilidades futuras para a sua salvaguarda moral-espiritual.

Erro será supor que a infância moderna se choque frente à verdade espírita e à transcendência evangélica. Habituada à brutalidade dos costumes atuais, presa a uma literatura forte e destrutiva, que lhe apresenta o pior tipo da conduta humana, seria descaridoso, seria mesmo criminoso desinteresse deixá-la entregue a tal aprendizado sem o reativo da magnificência da verdade que do Alto há jorrado para socorro dos necessitados de progresso, de paz e de luz.

Concedendo permissão para que livros educativos do coração e do caráter sejam ditados do Além aos médiuns, visando à orientação à criança, Jesus, certamente, inspira-nos o raciocínio de que as verdades celestes deverão ser acatadas seriamente pelo pequenino de hoje, a fim de que o adulto que ele será amanhã compreenda a responsabilidade que o aprendizado da Doutrina Espírita e do Evangelho cristão encerra. Essa mesma responsabilidade procuramos frisar nestas adaptações para o uso da infância e da adolescência, porque será bom salientar que jamais a criança de hoje, que recebeu ensinos evangélicos por entre brincadeiras e irresponsabilidades, saberá levá-los a sério ao se tornar adulta.

Evangelho e Doutrina Espírita significam responsabilidade em face de Deus. Compromisso e trabalho sob a chefia de Jesus. A criança e o adolescente espíritas, com pequenas exceções, deverão ser bem cedo consagrados ao sublime aprendizado da verdade, tal como os antigos escolhidos do Senhor, que, em tenra idade, eram consagrados ao conhecimento da Lei, a fim de que o futuro lhes possibilitasse a glória de se tornarem servos da mesma Lei.

Os Espíritos celestes, prepostos do Senhor para futuras realizações no planeta, contam com a criança de hoje, cidadão futuro, reencarnado com tarefas definidas na comunidade espírita. Que, pois, nós outros, responsáveis pelas crianças, cuidemos delas com inteligência e vigilância para que nós mesmos não caiamos no demérito de haver negligenciado a seu respeito, dando-lhes o ensino sublime da verdade por entre as inconsequências das nossas próprias incorreções e ideias pessoais.

ADOLFO BEZERRA DE MENEZES
Rio de Janeiro (RJ), 3 de outubro de 1967.

# Primeira Parte

## A Primeira Revelação

# 1

## DEUS SE REVELA AOS HOMENS?

### O PRIMEIRO DIA

Como é do nosso conhecimento, o Dr. Arnaldo Vasconcelos era um excelente médico espírita, generoso e amigo do próximo. Chefe de família exemplar.

Vimos, nos livros anteriores a este, que ele possuía uma fazendola nos arredores de bela cidade de veraneio do estado do Rio de Janeiro e tinha também três netos que lhe eram muito queridos ao coração: Carlos, Eneida e Elisinha.

Passaram-se alguns poucos anos, porém, desde a última vez que os vimos. Agora vamos encontrar Carlos já com 16 anos de idade, Eneida com 14 e Elisinha, 12.

Mas nem só eles haviam crescido. Seus amigos Dirceu e Ronaldo também haviam crescido e então eram adolescentes entusiasmados pela vida, assim como os demais amigos residentes na bela cidade fluminense: Leila Barbosa, a prima Lilásea, Manoelzinho, as "sete Marias" e os demais, já conhecidos nossos em anteriores narrativas.

Todos eles haviam iniciado o aprendizado evangélico-espírita na primeira infância e agora, já mocinhos, adolescentes, entravam em nova fase da vida e desejavam prosseguir naquele belo curso das coisas de Deus, assim se preparando para um futuro honesto, equilibrado e feliz na sociedade a que pertenciam.

Naquele ano, um tanto fatigado pelo esforço dos estudos, na capital, resolveram passar as férias, mais uma vez, na Granja Feliz, a fazendola do avô, o Dr. Arnaldo Vasconcelos. Seguiram, pois, os três para lá, acompanhados de sua tia Isabela, a quem muito queriam, levando consigo também os inseparáveis amigos Dirceu e Ronaldo. Foram todos muito bem recebidos pelos avós e os antigos companheiros de infância, agora jovenzinhos e, como eles, ansiosos por aprenderem tudo que fosse útil e necessário às suas vidas, inclusive o sublime aprendizado do Evangelho e da Doutrina dos Espíritos, mais que indispensáveis àquele que desejar desfrutar a paz nas agitações da vida.

Haviam chegado num sábado, à tarde.

No domingo, pela manhã, o avô convidou-os a um passeio pelo campo do qual participariam todos os antigos companheiros.

Eram oito horas da manhã.

O céu mostrava-se azul e límpido, o Sol brilhava prometendo um dia pleno de esplendores e uma aragem fresca soprava do oceano fazendo balançar a folhagem dos arvoredos.

Depois de caminharem cerca de 15 minutos, admirando a paisagem, sentaram-se todos sobre a relva, à sombra das árvores que orlavam a estrada, dispostos a conversar.

As Três Revelações
───────────────

Os pássaros cantavam escondidos entre a folhagem, parecendo se alegrarem com a presença e o vozerio dos visitantes. Era, com efeito, um belo cenário para uma conversação sadia e nobre como as que o Dr. Arnaldo gostava de entreter com os netos.

De repente ele disse:

— Meus caros amiguinhos, vocês acham que Deus, o Criador de todas as coisas, pode revelar-se aos homens?

— Pode, sim, senhor! — responderam a uma só voz os interpelados.

— Como é que Deus pode fazer isso? — tornou a interrogar o Dr. Arnaldo.

Foi Eneida que respondeu, cheia de animação:

— Desde minha infância, tia Isabela conversa comigo sobre esse assunto. Então fiquei sabendo que Deus se revela às suas criaturas através das obras da natureza e das leis que a dirigem: os astros e constelações, com o mecanismo que os mantém equilibrados nos espaços siderais; os vegetais, com o poder oculto que os faz brotar do seio da terra, crescer, florescer e frutescer; os minerais, com a força criadora que os leva a produzir as espécies de minérios de valor incalculável nas profundezas das jazidas subterrâneas; os animais, com a divina ciência que os permite viver inteligentemente reunidos em famílias tão bem organizadas; nós mesmos, com a nossa inteligência e os nossos poderes intelectuais, morais e espirituais, tudo isso e infinitas coisas mais é Deus se revelando, demonstrando suas leis a quem quiser conhecê-las e compreendê-las...

— Muito bem, Eneida! É isso mesmo! Vejo que você tem compreendido os ensinamentos que lhe foram ministrados em nossas aulas. Mas não é somente assim que Deus se revela. Ele se revela também por intermédio dos seus mensageiros.

— Então, explique isso, vovô! — pediu Eneida.

E seu avô explicou, tal como se fizesse uma pequena palestra para aqueles gentis ouvintes.

## A Lei de Deus

— A primeira vez que Deus revelou a sua Lei aos homens foi por meio dos Dez Mandamentos, e teve por intermediário o grande profeta hebreu Moisés. Os mandamentos, ou ensinamentos, da Lei de Deus são dez e representam a lei imortal e invariável que dirige a humanidade.

"A Segunda Revelação da Lei de Deus teve como intermediário Jesus, também chamado o Cristo de Deus. A Doutrina ensinada por Jesus igualmente é um código de leis morais, continuação da Primeira Revelação.

"A Terceira Revelação da Lei de Deus está contida nos ensinamentos da Doutrina dos Espíritos, ou seja, a Doutrina ensinada pelos Espíritos celestes, mensageiros de Deus e de Jesus.

"A Doutrina dos Espíritos é também chamada Espiritismo. Ela ensina outras leis, as quais confirmam as duas revelações anteriores e nos faz recordar os ensinamentos que Jesus deu aos homens quando viveu sobre a Terra. Podemos denominá-la ainda como *Terceira Revelação de Deus aos homens* ou *o Consolador*.

"As Leis de Deus mostram-nos os caminhos do bem e do dever. Quando nos desviamos desse caminho, estamos praticando o mal, erramos contra a Lei de Deus e, portanto, contra nós mesmos. Então sofremos, mais tarde, as consequências do mal que praticamos, seja na presente existência, seja na vida espiritual ou em novas existências futuras.

"Aquele que pratica o mal logicamente sofrerá mais tarde, porque o mal está fora da Lei de Deus."

— Dr. Arnaldo, o senhor pode explicar como foi que Deus nos fez conhecer os seus mandamentos? Eu ouço falar nos Dez Mandamentos da Lei de Deus, mas não faço ideia muito justa de como eles chegaram ao nosso conhecimento — pediu a jovem Leila Barbosa.

— Pois vocês compreenderão amanhã, durante o nosso passeio matinal. Agora devemos regressar a casa para não nos fazermos esperar para o almoço — respondeu o bom amigo Arnaldo Vasconcelos.

* * *

*São chegados os tempos em que se hão de desenvolver as ideias, para que se realizem os progressos que estão nos desígnios de Deus.* (KARDEC, Allan. *O evangelho segundo o espiritismo*. Cap. 1, it. 9: Um Espírito israelita).

# 2

# ATRIBUTOS DA PERFEIÇÃO DE DEUS

### TARDE PROVEITOSA

Naquele mesmo dia, depois do jantar, Carlos, Eneida e Elisinha foram sentar-se nos bancos do belo jardim da Granja Feliz para conversar. Dentro de poucos minutos chegaram também seus avós acompanhados dos jovens que com eles haviam passeado pela manhã. Era domingo e esses amiguinhos haviam também jantado na granja. Carlos não perdeu tempo e logo exclamou, dirigindo-se ao avô:

— Fala alguma coisa sobre Deus, vovô! Eu gosto tanto de ouvi-lo discorrer sobre esse assunto! É tão lindo meditar sobre o nosso Criador e Pai, estudar suas obras, pensar em suas Leis e em nossos deveres para com Ele! Sinto-me encantado e feliz quando ouço alguém falar sobre as coisas de Deus!

— Está bem, meu filho! É realmente muito nobre falar de Deus e procurar compreendê-lo. Falaremos então dos atributos da perfeição do nosso Criador. Amanhã vocês farão uma página escrita sobre esse tema e organizarão um álbum. A capa será em cartolina branca, bem desenhada, com cercaduras feitas por vocês mesmos.

— Sim, sim, faremos o álbum e o senhor nos ajudará — concordaram os jovens ouvintes.

## Deus e seus atributos de perfeição[1]

Então, o Dr. Arnaldo Vasconcelos falou o seguinte, como se fizesse uma oratória rodeada de flores:

— Deus possui em grau infinito todas as perfeições. Mas, para compreendê-lo em toda a sua suprema grandeza, é necessário ao nosso espírito aperfeiçoar-se até se tornar merecedor dessa possibilidade.

"— Deus é a suprema e soberana inteligência. A inteligência de Deus, abrangendo o Infinito, tem que ser infinita.

"— Deus é eterno, isto é, não teve começo e não terá fim.

"— É imutável, que quer dizer, nunca muda.

"— Deus é único. A unicidade de Deus é consequência do fato de serem infinitas as suas perfeições.

"— É onipotente, que quer dizer, é Todo-Poderoso.

"— Deus é soberanamente justo e bom. A providencial sabedoria das Leis divinas se revela nas mais pequeninas coisas, como nas maiores, não permitindo essa Sabedoria que se duvide da sua justiça nem da sua bondade.

---

[1] Nota da autora: Para a composição desta página, valemo-nos de alguns trechos do cap. II de *A gênese*, de Allan Kardec, it. 8 a 19.

"— É onisciente, que quer dizer, tudo sabe.

"— Deus é imaterial, isto é, difere de tudo o que chamamos matéria. De outro modo não seria imutável, pois estaria sujeito às transformações da matéria.

"— É onipresente, isto é, Deus está presente em toda parte.

"— Deus é o Amor supremo que se irradia pelo universo infinito.

"É a eterna e suprema beleza.

"É a fonte de vida do universo.

"— Deus é o supremo Criador de tudo quanto existe.

"— Se Deus não existisse, nada poderia existir.

"— Deus é o Pai supremo da humanidade.

"— Devemos amar a Deus sobre todas as coisas e ao próximo como a nós mesmos, pois essa é a sua Lei. Ele é o nosso Criador e devemos acatar a sua Vontade para vivermos harmonizados com ela e a nossa consciência."

## A Prece

Terminada a exposição, havia tanta paz pelo ambiente e eram tão doces as vibrações que envolviam aquele pequeno grupo de crentes em Deus, que os moços se sentiam comovidos e quiseram orar ali mesmo, ao ar livre, glorificando o supremo Criador de todas as coisas.

Dr. Arnaldo então orou com eles:

— Agradecidos nos sentimos, meu Deus, pela felicidade de compreender que somos vossos filhos. Dai-nos a graça de sabermos amar e respeitar as vossas Leis.

Anoitecia. As luzes estavam acesas no interior da casa, mas, cá fora, a Lua e as estrelas resplandeciam como afirmando que também elas eram criação de Deus.

Os jovens se sentiam felizes e naquela noite dormiram tranquilamente.

\* \* \*

*[...] Deus vê os mais profundos refolhos do nosso coração. Estamos nele, como Ele está em nós, segundo a palavra do Cristo.* (KARDEC, Allan. *A gênese*, cap. 2, it. 24).

# 3

# O profeta Moisés

### Grandioso cenário

No dia seguinte, durante o passeio matinal, Dr. Arnaldo e seus netos, depois de convidarem os demais jovens, se sentaram sobre uma elevação do terreno, à beira-mar.

Dali contemplava-se um panorama belíssimo.

O oceano batia suas ondas de encontro às penedias, deixando à vista vasto lençol de espumas brancas. E o Sol brilhante irisava as águas, fazendo-as cintilar com reflexos dourados, rateados ou esmeraldinos.

Leila Barbosa foi a primeira a manifestar-se:

— O senhor prometeu falar-nos sobre os Dez Mandamentos da Lei de Deus, Dr. Arnaldo, durante o passeio de hoje.

— Sim, minha cara menina — respondeu ele —, e vamos cumprir a promessa no local onde nos encontramos, diante do céu, do oceano e das matas, cenário digno de presenciar a nossa meditação sobre as coisas de Deus. Meditemos, portanto, aqui, homenageando o Criador diante da sua Criação. E que Ele nos ajude a inteligência, permitindo inspiração às nossas conclusões.

## Moisés

O paciente amigo calou-se durante alguns segundos, mas, de repente, perguntou:

— Vocês conhecem alguma coisa sobre o profeta Moisés?

Leila respondeu, enquanto os demais se calavam:

— Sim, conheço. Não sei bem... Sei que ele foi um profeta que recebeu os Dez Mandamentos, mais nada.

— Então prestem atenção:

"Moisés foi um grande profeta hebreu que viveu 1.225 anos antes de Jesus Cristo, segundo as investigações de ilustres historiadores e exegetas.[2] Ele nasceu e viveu no Egito, mas descendia da raça hebraica. Era culto e foi dos mais ilustres sábios do seu tempo. Mas, apesar de muito ter servido à causa de Deus e do povo da sua raça, não foi um santo. Foi, sim, um homem ilustre e respeitável pelo muito que fez pelo seu povo, varão de grande valor, um legislador, que criou um código de leis *civis e disciplinares* para o mesmo povo, um juiz, condutor de povos, e o maior vulto da raça hebraica.

---

[2] Nota da autora: Ver o historiador Daniel Rops, ilustre professor de Teologia na Sorbonne — *História sagrada do povo bíblico* — Paris.

"Mais tarde, quando vocês se adiantarem mais no estudo das chamadas Escrituras Santas, conhecerão integralmente as peripécias da vida de Moisés, exposta no Velho Testamento.

"Por enquanto, apenas acrescentarei que ele foi também médium. Nos tempos antigos os médiuns eram chamados profetas.

## Moisés era médium

"Moisés possuía várias mediunidades. Ele via os Espíritos desencarnados e falava com eles, conforme os médiuns de hoje o fazem. Era, portanto:

- Médium vidente, que vê os Espíritos, ou clarividente;

- Médium audiente, que ouve os Espíritos;

- Médium escrevente, que escreve sob a influência dos Espíritos.

"Os médiuns escreventes são também chamados psicógrafos.

"Sendo médium audiente e escrevente, Moisés recebeu uma importante mensagem mediúnica ditada pelos Espíritos superiores, mensageiros de Deus, assim como os médiuns da atualidade também recebem mensagens, livros, receitas para tratamento dos doentes, conselhos, etc., ditados pelos guias espirituais.

"A obra mais importante recebida por Moisés, do mundo espiritual, a que ficou imutável, constitui a Lei que Deus estabeleceu para esclarecer e guiar a humanidade de acordo com o bem, o dever e a justiça. Essa obra é um código de leis, o mais perfeito que os homens conhecem; código imortal, também denominado Decálogo, ou seja, os Dez Mandamentos.

"*O livro dos espíritos, O livro dos médiuns, O evangelho segundo o espiritismo*, de Allan Kardec, dos quais vocês, certamente, já ouviram falar, também são códigos de leis, os quais esclarecem e guiam os espíritas, e foram também ditados aos médiuns modernos por Espíritos superiores."

## Quem ditou os Dez Mandamentos?

Leila aparteou:

— É isso, justamente, que eu não entendo bem, Dr. Arnaldo! Quem foi, afinal, que ditou os mandamentos a Moisés? Ouço falar que foi o próprio Deus.

Mas o expositor sorriu e respondeu:

— Não, minha menina, Deus não pode se comunicar tão diretamente assim conosco, devido às nossas imperfeições. Mas, com toda certeza, quem ditou os Dez Mandamentos, em nome de Deus, foi um dos seus grandes enviados, um Espírito protetor da humanidade, o qual a isso foi autorizado diretamente por Deus, sob o amparo de suas Leis. O povo hebreu atribuía as comunicações que recebia pelo profetismo ou mediunismo ao próprio Deus (Ver *A gênese*, de Allan Kardec, cap. I, it. 9).

"*O livro dos espíritos, O livro dos médiuns, O evangelho segundo o espiritismo* também são baseados nas Leis de Deus e não foram ditados por Deus, mas em seu nome.

"Os Espíritos protetores da atualidade ditam mensagens, livros, receitas para doentes, etc., aos médiuns modernos, conforme já disse, afirmando que têm permissão de Deus para isso e que é em nome dele que o fazem. O mesmo aconteceu, certamente, com o Decálogo. A diferença única é que os antigos tudo atribuíam aos ditados do próprio Deus, e sabemos que não é Ele quem dita as suas Leis para nós, mas os seus mensageiros que as ditam em seu nome.

"Esses mandamentos, pois, são a Lei moral divina que orienta as criaturas humanas no cumprimento dos próprios deveres para com Deus, o próximo e para consigo mesmo. Eles ensinam a humanidade a viver honesta e dignamente em sociedade. São imortais, jamais serão substituídos por outros, porque as Leis de Deus são perfeitas e sábias, e por isso são eternas, nunca serão modificadas. Infelizmente, nem todas as criaturas acatam os mandamentos da Lei de Deus, e é por isso que existe tanta desordem e sofrimento neste mundo. Mas dia virá em que a humanidade toda observará esse código divino, e então todos serão bons e felizes."

## Os Dez Mandamentos[3]

"A partir deste momento — continuou Dr. Arnaldo —, o grande amigo dos jovens, vocês começarão a assumir responsabilidades muito sérias neste mundo, porque passarão a conhecer a Lei de Deus, que rege a humanidade. Prestem atenção! Os Dez Mandamentos são estes:

1 – Eu sou o Senhor, vosso Deus, que vos tirei do Egito, da casa da servidão. Não tereis, diante de mim, outros deuses estranhos. Não fareis imagens esculpidas, nem figura alguma do que está em cima no céu, nem embaixo, na terra, nem do que quer esteja nas águas, sob a terra. Não os adorareis e não lhes prestareis culto soberano.

2 – Não pronunciareis em vão o nome do Senhor, vosso Deus.

3 – Lembrai-vos de santificar o dia de sábado.

4 – Honrai a vosso pai e a vossa mãe, a fim de viverdes longo tempo na terra que o Senhor vosso Deus vos dará.

---

[3] Nota da autora: Esta transcrição foi feita de acordo com a citação de Allan Kardec em *O evangelho segundo o espiritismo*, citação que omite um trecho existente no original do *Êxodo*, 20: 5 e 6, e cuja numeração difere do *Gênesis*, do Velho Testamento.

5 – Não mateis.

6 – Não cometais adultério.

7 – Não roubeis.

8 – Não presteis testemunho falso contra o vosso próximo.

9 – Não desejeis a mulher do vosso próximo.

10 – Não cobiceis a casa do vosso próximo, nem o seu servo, nem a sua serva, nem o seu boi, nem o seu asno, nem qualquer das coisas que lhe pertençam.

O expositor calou-se por um instante, mas continuou em seguida, finalizando a preleção:

— Estes Dez Mandamentos se resumem em dois: amar a Deus sobre todas as coisas e amar o próximo como a si mesmo.

"Amanhã, meus jovens amigos, havemos de fazer uma análise dos Dez Mandamentos para maior esclarecimento de todos nós.

"Diz a história do povo hebreu que Moisés recebeu o Decálogo no alto da montanha denominada Sinai, no deserto do mesmo nome, entre o Egito e a Palestina, no Oriente Médio."

\* \* \*

*Deus é único e Moisés é o Espírito que Ele enviou em missão para torná-lo conhecido não só dos hebreus, como também dos povos pagãos. [...] Os mandamentos de Deus, dados por intermédio de Moisés, contêm o germe da mais pura moral cristã.* (KARDEC, Allan. *O evangelho segundo o espiritismo.* Cap. 1, it. 9: Um Espírito israelita).

# 4

## A LIÇÃO DE ANÁLISE

### Primeiro Mandamento[4]

1ª parte: *Eu sou o Senhor, vosso Deus, que vos tirei do Egito, da casa da servidão.*

Havia quatro séculos que o povo hebreu fora escravizado pelos reis do Egito, os faraós. Ali, os hebreus sofriam todas as opressões. Seus sofrimentos eram tão cruéis que, um dia, os Espíritos protetores do povo hebreu manifestaram-se a Moisés, o grande profeta (médium), dizendo-lhe que retirasse o seu povo daquele cativeiro e o levasse para outras terras, onde poderia ser livre e menos sofredor.

Essas instruções eram concedidas, certamente, com a permissão de Deus e sob a proteção das suas Leis, razão pela qual os mensageiros espirituais que transmitiram os Dez Mandamentos puderam dizer: "Eu sou o Senhor, vosso Deus."

---

[4] Nota da autora: Para melhor compreensão do primeiro mandamento, que é longo, pedimos vênia para reparti-lo e analisá-lo em três partes.

Moisés, então, protegido pelas ordens do próprio Deus e guiado pelos mensageiros espirituais da sua vontade, libertou o povo hebreu da escravidão do Egito, levando-o para a terra de Canaã, antigo nome da Palestina, também chamada Terra da Promissão. Depois de muitos sacrifícios e trabalhos durante uma viagem a pé através do deserto, chegaram ao destino, mas Moisés morreu antes de chegar a Canaã e o povo foi guiado até lá por Josué, sucessor de Moisés na direção desse povo sofredor.

2ª parte: *Não tereis diante de mim deuses estrangeiros.*

Os hebreus eram o único povo daquele tempo que acreditava no verdadeiro Deus, único e todo-poderoso. Os demais povos do mundo eram idólatras, isto é, adoravam ídolos, estátuas de formas, às vezes, horrendas, representando os seus deuses.

Durante os quatro séculos de cativeiro no Egito, muitos hebreus esqueceram a crença no verdadeiro Deus e adotaram os falsos deuses do Egito, muitos dos quais eram representados também em formas de animais. No primeiro mandamento, portanto, está a recomendação para que todos nós permaneçamos fiéis à crença no verdadeiro Deus, que é puro espírito e deve ser amado e cultuado em espírito, rejeitando o materialismo da idolatria.

3ª parte: *Não fareis imagens esculpidas, nem figura alguma do que está em cima, no céu, nem embaixo, na terra, nem do que quer que esteja nas águas sob a terra. Não os adorareis e não lhes prestareis culto soberano.*

Como vemos, essa parte do primeiro mandamento encerra a advertência de que não se devem fazer imagens ou quadros de qualquer entidade espiritual e também do próprio Deus para adorá-los. Devemos amar a Deus, a Jesus, a Maria e aos nossos guias espirituais, em espírito e verdade, isto é, com as forças do coração e do pensamento, como seres espirituais que são, e não fabricando estátuas e figuras que os representem.

Os povos antigos adoravam deuses cujas estátuas tinham a forma de touros, aves, peixes, crocodilos e até serpentes. Foi por tudo isso que o primeiro mandamento proibiu, em nome de Deus, fazer imagens *do que está em cima, no céu, do que está embaixo, na terra, e do que quer que esteja nas águas, sob a terra.*

Deus, portanto, e todos os Espíritos sublimes devem ser amados pelos nossos corações, em espírito e verdade, e não representados por estátuas e figuras fantásticas.

\* \* \*

*Para crer-se em Deus, basta se lance o olhar sobre as obras da Criação. O universo existe, logo tem uma causa. Duvidar da existência de Deus é negar que todo efeito tem uma causa e avançar que o nada pode fazer alguma coisa.* (KARDEC, Allan. *O livro dos espíritos.* Cap. I, q. 4).

## Segundo Mandamento

*Não pronunciareis o nome do Senhor vosso Deus em vão.*

O segundo mandamento ensina que não devemos nos servir do nosso Criador para assuntos frívolos ou indignos da sua suprema grandeza.

O nome de Deus deve ser tão sagrado para nós que só devemos pronunciá-lo com respeito e apenas em ocasiões apropriadas ou especiais.

Pronunciar o nome de Deus em vão é nos servimos dele para desculpar as nossas ambições e interesses; é jurar por seu nome por motivos banais ou falsos; é chamá-lo por meio da prece e do pensamento para pedir favores materiais que cumpre a nós mesmos conquistar; é orar prometendo fidelidade aos nossos deveres e depois agir de modo contrário ao que prometemos. Por exemplo:

Ocupar a tribuna de um Centro Espírita e dizer mal do nosso próximo ou de uma instituição, espírita ou não, desabonando-os com a nossa crítica, em vez de tratarmos das coisas de Deus, é pronunciar seu nome em vão, porque as reuniões espíritas são realizadas em nome de Deus, e dizer mal do próximo é ato contrário à sua Lei.

Ocupar a tribuna de um Centro Espírita a fim de estudar, pregar o Evangelho e as teses da Doutrina Espírita, tão necessários à nossa iluminação espiritual, e se desviar do assunto para criticar isto ou aquilo, ou contar anedotas e dizer coisas engraçadas, em prejuízo da lição que deverá ser apresentada aos necessitados de consolo e ensinamento, é pronunciar o nome de Deus em vão. A tribuna de um Centro Espírita é local respeitável, onde os guias espirituais vêm para transmitir os ensinamentos que Deus lhes permite nos sejam concedidos e não para patrocinar anedotários e risadas.

Prometer, durante as preces, dedicação aos trabalhos doutrinários em favor do próximo ou da Causa espírita e deixar de cumprir o prometido é tomar o nome de Deus em vão, porque é ser infiel à própria palavra empenhada com o nosso Criador e Pai.

Prometer a Deus servir ao bem e à verdade com a mediunidade e, depois, usá-la para enganar os outros e ganhar dinheiro ou presentes, ou abandoná-la para servir às coisas do mundo, também é tomar o nome de Deus em vão, porque é atraiçoar um compromisso sagrado assumido com a Lei de Deus.

Fazer guerras em nome de Deus ou de uma religião, perseguir o próximo, porque a religião dele é diferente da nossa é tomar-lhe o nome em vão, porque é desvirtuar as recomendações dos mandamentos da sua Lei.

Praticar uma religião por conveniência, sem respeitá-la ou acreditar nela; ganhar dinheiro sob a invocação do nosso Criador; ser médium e cobrar os serviços prestados com a mediunidade; jurar, pronunciar o nome de Deus por motivos fúteis ou mentirosos, tudo isso é tomar o nome de Deus em vão.

Se procedermos dessa forma, estaremos infringindo o segundo mandamento da sagrada Lei de Deus.

\* \* \*

*Na lei mosaica, há duas partes distintas: a Lei de Deus, promulgada no monte Sinai, e a lei civil ou disciplinar, decretada por Moisés. Uma é invariável (a de Deus); a outra (de Moisés), apropriada aos costumes e ao caráter do povo, se modifica com o tempo. (KARDEC, Allan. O evangelho segundo o espiritismo. Cap. I).*

## Terceiro Mandamento

*Lembrai-vos de santificar o dia de sábado.*

Nos tempos antigos, por toda parte, existiam muitos escravos. Pode-se dizer que todos os trabalhadores braçais, e até os intelectuais, eram escravos dos mais poderosos.

Os senhores de escravos eram rudes e os obrigavam a trabalhar sem um único dia de folga para o descanso.

Muitos desses escravos morriam em pouco tempo, extenuados pelo excesso de trabalho. Outros adoeciam gravemente, sem conseguirem tréguas em seus serviços para tratar da saúde, por isso morriam também rapidamente.

O mesmo acontecia com os animais, os quais trabalhavam até caírem mortos de cansaço.

Por tudo isso, quando Moisés recebeu do Alto os mandamentos da Lei de Deus, veio o terceiro aconselhando a santificar o dia de sábado.

Essa recomendação é um ato de caridade para com toda a humanidade, pois todas as criaturas trabalham muito para viver e manter suas famílias e, por isso, precisam descansar. É também caridade para com os animais que trabalham, pois também eles se cansam e sofrem fisicamente, como nós sofremos.

A Lei de Deus, portanto, manda que haja um dia na semana para todos nós descansarmos das fadigas diárias e que esse dia seja santificado.

Mas o que quer dizer a santificação de um dia?

Quer dizer que, além do descanso, esse dia deve ser também dedicado ao culto a Deus e à nossa religião, porque nos outros dias estaremos muito atarefados e não poderemos cuidar devidamente das coisas de Deus, isto é, da nossa religião. Será então um dia especial na semana para descansar e fazer as nossas orações, estudar melhor nossa Doutrina, meditar sobre ela e realizar as solenidades necessárias, isto é, as nossas reuniões de culto a Deus.

Por que então nós descansamos aos domingos e não aos sábados?

O motivo dessa alteração é o seguinte: os hebreus antigos sempre observaram o descanso e a santificação do sábado, depois que obtiveram os mandamentos da Lei, e os judeus e israelitas, descendentes deles, ainda hoje fazem o mesmo, assim como alguns protestantes, ou seja, os protestantes chamados sabatistas ou adventistas.

No tempo de Jesus também era observada a santificação do sábado, se bem que Ele, Jesus, não observasse muito esse preceito, pois nos evangelhos vemos que ele curava muitos doentes nesse dia, pelo que era muito censurado pelos sacerdotes judaicos dessa época. Mas depois da morte de Jesus, os primeiros cristãos passaram a santificar e repousar no domingo em homenagem ao amado Mestre, e não mais no sábado, porque Jesus ressuscitou num domingo, palavra que quer dizer *dia do Senhor*.

Todos os povos cristãos acataram essa decisão, passaram a guardar e santificar o domingo. Esse costume tornou-se universal, pois os próprios judeus, a quem foi recomendado que santificassem o sábado, descansam também aos domingos, obedecendo a lei do país em que vivem. Nesse mesmo dia, domingo, os povos cristãos se dedicam às solenidades de suas crenças religiosas e aos deveres para com as coisas de Deus, de preferência aos demais dias.

Essa modificação, no entanto, não altera a recomendação exposta no terceiro mandamento. Ela foi estabelecida em homenagem à ressurreição de Jesus, o enviado de Deus à Terra. O que Deus deseja é que exista um dia na semana para todos descansarem das fadigas e tratar dos próprios deveres religiosos.

\* \* \*

*O Espiritismo reconhece como boas as preces de todos os cultos, quando ditas de coração e não de lábios somente. Nenhuma impõe, nem reprova nenhuma.* (KARDEC, Allan. *O evangelho segundo o espiritismo.* Cap. XXVIII).

## Quarto Mandamento

*Honrai vosso pai e vossa mãe, a fim de viverdes longo tempo na Terra que o Senhor, vosso Deus, vos dará.*

O quarto mandamento da Lei de Deus é dos mais importantes para toda a humanidade e para as crianças e adolescentes em particular. É durante a infância e a adolescência que se deve aprender a respeitar, a amar e honrar os pais. Se não os respeitarmos enquanto crianças e jovens, não os respeitaremos também depois de adultos.

Honrar pai e mãe é ser filho obediente, respeitoso, aceitar os seus conselhos, esforçar-se sempre por se conduzir honestamente em qualquer circunstância, a fim de torná-los tranquilos e confiantes com o nosso procedimento diário; é honrá-los com um digno procedimento diário, com o cumprimento do nosso dever.

Uma criança estudiosa, um adolescente atencioso e amoroso para com os próprios pais, que os respeita e considera, estão cumprindo o quarto mandamento.

Se, ao contrário, somos filhos desobedientes, se menosprezamos os seus conselhos, preferindo os exemplos dos falsos amigos e colegas de escola ou de rua; se somos maus e desonestos, estamos desonrando nossos pais e, certamente, seremos punidos pela mesma Lei de Deus, pois estamos desrespeitando seu mandamento. Da mesma forma, devemos tratar os pais adotivos, pois esses fazem as vezes dos verdadeiros pais e merecem o nosso amor e a nossa consideração.

Uma bela lição, de autor desconhecido, narra que um homem, casado e com um filho de cinco anos de idade, não consentia em que seu próprio pai, ancião de 80 anos, se sentasse à mesa da família a fim de participar da refeição cotidiana. O pobre pai e avô, assim desrespeitado, era relegado à cozinha, onde fazia as refeições em um tosco prato de madeira, pousado sobre os próprios joelhos. Um dia, porém, viu que seu filhinho de cinco anos entretinha-se, desde a manhã, tentando fazer algo com um pedaço de madeira. Perguntou, então, ao menino:

— Que fazes aí, meu filho?

E a criança respondeu muito atarefada com o seu serviço:

— Faço um prato de madeira para, quando você ficar velho e eu for o dono da casa, você comer nele, na cozinha da minha casa.

Conta a lição que, desse dia em diante, o mau filho tornou-se mais humano e fez seu velho pai sentar-se à mesa para, assim, presidir a refeição da família.

Trata-se, certamente, de uma lição de moral educativa, mas de grande alcance filosófico, pois o que é certo é que todos nós seremos *punidos* pela Lei de Deus segundo os erros que cometemos.

Se, acaso, os pais não forem bons e deixarem de cumprir os próprios deveres para com os filhos, ainda assim, aquele que for bom filho deverá respeitá-los, jamais lhes conservando rancor, mas, ao contrário, amparando-os com respeito e solidariedade se eles necessitarem, pois assim recomenda a Lei divina do amor e do perdão.

No belo e educativo livro *O evangelho segundo o espiritismo*, de Allan Kardec, joia da literatura cristã e espírita, existe uma grandiosa recomendação sobre o quarto mandamento (Cap. XIV — 3 — *Piedade filial*). Será bom que desde cedo as crianças e os adolescentes aprendam a meditar sobre os sublimes ensinamentos daquele livro, como futuros expoentes que serão da moral evangélico-espírita. Eis um trecho da preciosa lição: "Honrar o seu pai e a sua mãe não consiste apenas em respeitá-los; é também assisti-los na necessidade; é proporcionar-lhes amparo na velhice; é cercá-los de cuidados como eles fizeram conosco, na infância."

Assim, pois, abençoado seja o jovem que sabe amar, respeitar e honrar o seu pai e a sua mãe.

Mas perguntará o leitor: — Que quer dizer "A fim de viverdes longo tempo na Terra, que o Senhor, vosso Deus, vos dará"?

A promessa contida nesse período pode ter dois sentidos: um para o povo hebreu, que nada conhecia da vida espiritual, outro para as criaturas da atualidade, que muito já conhecem sobre a vida espiritual.

Os hebreus acreditavam ver nessa frase a promessa de que viveriam para sempre num país que fosse unicamente deles, uma pátria, pois eles não a possuíam, eram escravos no Egito, sofriam muito por isso e desejavam ardentemente sair de lá para uma terra que lhes pertencesse, uma nação própria, por eles formada.

O homem da atualidade, ainda materializado, não entende as Escrituras nem procura entendê-las. Mas aquele que já é espiritualizado vê na mesma promessa também a certeza da pátria espiritual, para onde sua alma regressará quando desencarnar e onde será feliz por ter cumprido a Lei de Deus na Terra, após o exílio terreno. Pode-se também compreender, na mesma promessa, a reencarnação na própria Terra, quando este planeta estiver melhorado, com todos os homens regenerados.

Quando o adolescente espírita conhecer melhor a história do povo hebreu e tiver progredido um pouco mais nos assuntos espíritas, compreenderá melhor a lição do quarto mandamento da Lei de Deus.

\* \* \*

*Quis Deus mostrar por essa forma que ao amor se deverá juntar o respeito, as atenções, a submissão e a condescendência, o que envolve a obrigação de cumprir-se para com eles (os pais), de modo ainda mais rigoroso, tudo o que a caridade ordena relativamente ao próximo em geral. Esse dever se estende naturalmente às pessoas que fazem as vezes de pai e mãe, as quais tanto maior mérito têm quanto menos obrigatório é para elas o devotamento.* (KARDEC, Allan. *O evangelho segundo o espiritismo*. Cap. XIV, it. 3. *Piedade Filial*).

## Quinto Mandamento

*Não mateis.*

A recomendação do quinto mandamento da Lei de Deus é para que jamais pratiquemos um homicídio. Também não devemos praticar o crime de suicídio, isto é, matar a nós próprios.

Não devemos contribuir para que haja guerras, porque a guerra é um homicídio coletivo; nem conflitos, nem rixas, nada que possa ocasionar a morte de alguém.

Além disso, não devemos duelar contra ninguém, porque o duelo também é assassínio, crime muito grave perante a Lei de Deus, por ser um conjunto de suicídio e assassínio, ambos premeditados. Não devemos estabelecer a pena de morte a fim de punir os criminosos, visto que a pena de morte é um homicídio legalizado e oficializado pelas leis de um país.

Em nossa Pátria, o Brasil, felizmente não existe a pena de morte.

Os criminosos devem ser reeducados para a sociedade, para si próprios e para Deus, com os ensinamentos do bem e do dever contidos no Evangelho de Jesus Cristo, e não expulsos deste mundo por semelhante meio aparentemente legal.

Os criminosos também são filhos de Deus.

Eles erram, cometem crimes porque desconhecem as verdadeiras Leis de Deus, são caracteres ainda imaturos e, por isso, são moralmente atrasados. Por isso mesmo, eles são necessitados do nosso amparo, para se regenerarem e progredirem para Deus, e não do nosso ódio, dos maus-tratos e da morte.

Mas, diante da recomendação do quinto mandamento, o costume de matar os animais, para nos alimentarmos com a sua carne e nos utilizarmos dos seus derivados para nosso conforto, está também condenado? (Os derivados dos animais mortos são: couro, carne, vísceras, ossos, chifres, lãs, cascos, penas, etc.)

Certamente que está, porque a sentença contida no quinto mandamento é incisiva, imperiosa: *Não mateis.* E o animal, se não é o nosso próximo, é, certamente, criação divina, como nós.

Mas dia virá em que esse uso será abolido. À proporção que os homens progredirem moralmente e o planeta progredir socialmente, outros meios de alimentação aparecerão. Outros recursos surgirão para nosso conforto pessoal e social. Então não haverá mais necessidade de sacrificar os animais, e eles, por sua vez, desaparecerão da Terra, como os animais antigos desapareceram.

Por enquanto, a matança dos animais para a nossa alimentação é consequência da inferioridade do nosso planeta e da condição físico-material da humanidade, pelo que o fato de nos alimentarmos com a carne dos animais não que dizer que estejamos pecando.

A ciência médica afirma que nossa condição física necessita dessa alimentação. E Jesus asseverou:

— Nada há fora do homem que, entrando nele, o possa contaminar; mas o que sai do homem é o que o contamina (MARCOS, 7:15 a 23); e Allan Kardec, o mestre da Doutrina Espírita, em *O livro dos espíritos,* oferece admirável ensinamento sobre o assunto (cap.VI, q. 733 e seguinte).

Tudo isso certamente se modificará no futuro terreno. As gerações vindouras então se escandalizarão com os nossos hábitos atuais, do mesmo modo que nós, atualmente, nos escandalizamos com os hábitos das gerações passadas. Então o quinto mandamento da Lei de Deus será verdadeiramente respeitado. Até agora esse mandamento não tem sido respeitado, pois, infelizmente, hoje ainda são comuns os homicídios, os suicídios, as execuções de criminosos, as guerras, a matança de animais, etc. Somente os duelos já não são comuns, existe um ou outro entre um e outro inimigo.

Cumpre aos espíritos, conhecedores da importância e da sublimidade dos mandamentos da Lei de Deus, proclamá-las quanto possível, numa tentativa de reeducar as massas humanas conforme as próprias possibilidades.

\* \* \*

*"É grave aos olhos de Deus o assassínio?*

*Grande crime, pois aquele que tira a vida ao seu semelhante corta o fio de uma existência de expiação ou de missão. Aí é que está o mal.* (KARDEC, Allan. *O livro dos espíritos*. Cap. VI, q. 746).

## Sexto Mandamento

*Não cometais adultério.*

Sim! O sexto mandamento da Lei de Deus recomenda a todos nós não cometermos adultério.

Mas... que quer dizer adultério?

Adultério quer dizer tudo o que está errado, tudo o que é mal praticado, o que é realizado contrariamente às leis da moral, do dever, do bem e da justiça. Por exemplo:

- Se o empregado de uma empresa é desleixado no cumprimento da sua tarefa e esta saiu imperfeita, ele adulterou o serviço.

- Se o fabricante de doces ou de outro qualquer produto alimentar adicionou a esses produtos substâncias inferiores, ele adulterou a sua fabricação.

- Se um vendedor de leite adiciona água ao leite que vende, adultera o leite.

- Se um fabricante de perfumes introduz essências inferiores à essência legítima, adultera o perfume, tornando-o de má qualidade.

- Se o crente de uma religião pratica-a mal, infiltrando-lhe novidades contrárias aos seus códigos, ele adultera a sua religião.

- Se um adepto da Doutrina Espírita lhe infiltra as próprias ideias pessoais, em vez de observar fielmente os princípios que ela recomenda, ele adultera os ensinamentos da Doutrina Espírita.

Adultério é sinônimo de traição, de dever moral não cumprido, de mentira, de erro, de infidelidade, de desonra. Mas esse mandamento refere-se, principalmente, ao respeito que um homem casado ou uma mulher casada deve à própria família e à família do seu próximo.

O sexto mandamento condena a infidelidade de uma mulher ou de um homem aos sagrados deveres do matrimônio. Condena a traição de um homem ao amor e ao respeito devidos à sua esposa e aos seus filhos. E condena a traição de uma esposa ao seu marido e aos seus filhos. Eles serão *punidos* duramente, mais tarde, se assim procederem, pois terão infringido um importante dispositivo da Lei de Deus.

Uma mulher, portanto, deve respeitar a sua posição de esposa e não se unir a outro homem.

Um homem deve respeitar a sua situação de pai de família, responsável pelo próprio lar e pelo exemplo que precisa dar aos filhos, e não se ligar a outra mulher.

Assim sendo, para cumprir o sexto mandamento, devemos praticar com retidão, amor e boa vontade os nossos deveres em qualquer situação que estivermos vivendo. Para isso conseguir, havemos de suplicar a Deus forças e nobrezas de caráter e de sentimento para não falirmos na prática do dever. Devemos respeitar a nossa família, os entes que Deus nos confiou para dirigir e educar, amá-los com fidelidade e a eles nos devotar, jamais abandonando-os ou fazendo-os sofrer, e respeitar a família alheia, sem jamais prejudicá-la .

Esse é o nosso dever de espíritas cristãos e filhos de Deus.

\*\*\*

*Quis Deus que os seres se unissem não só pelos laços da carne, mas também pelos da alma, a fim de que a afeição mútua dos esposos se lhe transmitisse aos filhos e que fossem dois, e não um somente, a amá-los, a cuidar deles e a fazê-los progredir.* (KARDEC, Allan. O evangelho segundo o espiritismo. Cap. XXII, it. 3).

## Sétimo Mandamento

*Não roubeis.*

Este mandamento — *Não roubeis.* — sugere, como os demais, um ensinamento profundo. Não se refere, certamente, apenas ao roubo vulgar, ao assalto dos malfeitores a uma pessoa ou a um domicílio para furtar seus valores. Indica também que devemos ser honestos e fiéis ao nosso dever em todas as atividades que desempenharmos, isto é, em tudo que fizermos em nossa vida.

- O comerciante não deverá roubar no peso ou na medida das mercadorias vendidas aos fregueses, nem cobrar o seu custo acima do valor lícito, porque tal coisa é desonestidade, é roubo.

- O empregado não deverá prejudicar o empregador, furtando-lhe qualquer espécie de mercadoria nas vendas que fizer, ou matando o tempo, porque estará roubando, e sua consciência, um dia, o acusará perante Deus, visto que ele infringiu um mandamento da Sua Lei.

- Por sua vez, o empregador não deve explorar o empregado, remunerando-o abaixo do valor dos serviços prestados, pois isso também é roubo, é desonestidade, é ainda falta de caridade, infração do sagrado mandamento da Lei de Deus.

- A empregada doméstica não deve carregar para sua casa, sem ordem de sua patroa, nada que pertencer a ela ou a alguém que resida na mesma casa. Uma mulher dada ao vício do roubo é uma desventurada que, persistindo nessa falta, poderá perder-se irremediavelmente no abismo social, porque estará fora da Lei de Deus.

- Uma criança dada ao furto de frutas dos quintais dos vizinhos, de brinquedos dos seus coleguinhas, ou de material escolar dos seus companheiros de estudo, deve ser repreendida e aconselhada pelos pais ou responsáveis por ela, pois, habituando-se a tais displicências, poderá desgraçar-se, futuramente, na prática do roubo e até mesmo, possivelmente, do assalto. É necessário, desde muito cedo, ensinar com objetividade o sétimo mandamento da Lei de Deus à criança, a fim de que ela cresça honesta e escrupulosa.

Enfim, o sétimo mandamento é uma advertência de nosso Pai e Criador para que nos conservemos respeitosos diante dos bens alheios em todas as ocasiões de nossa vida.

Mas não é só. Vejamos outros detalhes sugeridos por esse mandamento:

- Se somos funcionários de uma repartição do governo ou se trabalhamos para uma causa pública, não devemos lesar os cofres da nossa pátria. Essa falta será registrada em nossa consciência, e, quando desencarnarmos, levaremos esse estigma para o mundo espiritual, onde todos os Espíritos que nos cercarem ficarão cientes da nossa desonestidade. Retirar materiais do governo em proveito próprio ou desviar valores pecuniários para deles nos beneficiarmos, também é roubo, é indignidade, é traição.

- O funcionário público deve ser fiel ao governo da sua pátria, pois este o remunera para que ele zele pelo bem-estar de todos e pelos bens de propriedade da nação. É muito desonroso para um homem ou uma mulher ser infiel e indigno do cargo que ocupa.

- O sétimo mandamento é uma recomendação para nos conservarmos honestos e dignos perante Deus e a nossa consciência, a fim de não nos envergonharmos mais tarde perante a nossa família, a sociedade e a sua lei.

- Se somos desonestos e roubamos seja o que for e de quem for, um dia seremos descobertos e ficaremos desmoralizados para sempre, não inspiraremos confiança a mais ninguém e poderemos até ir para a prisão, processados pela Justiça como ladrões. E no Além-túmulo, nossa verdadeira pátria, quando desencarnados, nos envergonharemos de nós próprios, quando nosso guia espiritual nos interpelar sobre as ações que praticamos na Terra.

Na vida espiritual, nada poderemos esconder dos outros, até os nossos pensamentos são conhecidos de todos.

Sim! É muito importante para a humanidade o sétimo mandamento da Lei de Deus. Os espíritas, felizmente, já o observam com respeito e amor a Deus, nosso Pai e Criador que está nos Céus.

\* \* \*

*O dever é a obrigação moral da criatura para consigo mesma, primeiro, em seguida, para com os outros. O dever é a lei da vida. Com ele deparamos nas mais ínfimas particularidades, como nos atos mais elevados.* (KARDEC, Allan. *O evangelho segundo o espiritismo.* Cap. XVII, it. 7).

## Oitavo Mandamento

*Não presteis testemunho falso contra o vosso próximo.*

Não é ignorado por ninguém que prestar testemunho falso contra o próximo é mentir. Portanto, o oitavo mandamento da Lei de Deus condena toda mentira, grande ou pequena. Prestar falso testemunho é, pois, mentir, enganar, caluniar; é falta de dignidade e, acima de tudo, falta de caridade para com o próximo.

Mas, o que é, objetivamente, o falso testemunho?

Serão necessários, então, exemplos. Ei-los, resumidamente:

- Se um estudante, por haver perdido na rua, ou usado individualmente, a mesada que seu pai lhe deu, sentiu receio de confessar a verdade e acusou o seu colega de escola, Francisco, de tê-la retirado da sua pasta, esse estudante prestou testemunho falso contra o próximo, infamou o Francisco, fez intriga, levantou uma calúnia contra o seu colega.

- Suponhamos que o senhor Antônio seja testemunha de um crime. Chamado à delegacia para depor, disse que nada viu, ou que o crime foi cometido pelo senhor José, quando sabe perfeitamente que o criminoso é o senhor João. Não quis dizer a verdade porque o senhor João é seu amigo, ou padrinho de seu filho, ou seu cunhado. Por causa disso, o senhor José foi preso e processado e até condenado, sendo inocente. O senhor Antônio, então, prestou um testemunho falso, é um criminoso também e prestará contas dessa infâmia, um dia, à Lei de Deus e mesmo à lei dos homens, se for descoberta a sua mentira, porque o falso testemunho é crime também perante a justiça dos homens.

O oitavo mandamento é tão importante quanto os demais. Devemos ter muito cuidado conosco a fim de não praticarmos tão feio delito, pois além de tudo, tal seja a gravidade do falso testemunho que praticamos contra o nosso próximo, poderemos até mesmo levar à morte um inocente e sofrer da Lei de Deus a punição de reencarnarmos em futuras existências privados do dom da palavra, do sublime dom da fala. Quem ama e respeita Deus e Jesus Cristo jamais dirá mentiras prejudicando o próximo, porque só a verdade dignifica e enobrece o caráter de uma pessoa

No tempo em que Moisés recebeu os Dez Mandamentos, o falso testemunho era muito praticado entre os homens. Então, acontecia que muitas pessoas eram acusadas injustamente e, sendo inocentes, sofriam castigos muito severos até a condenação à morte. Em todos os tempos, o falso testemunho sempre causou dramas e desgraças, porque os homens, inferiores em moral, não praticam a caridade entre si. Por isso mesmo Deus nos deu os Dez Mandamentos a fim de nos educar, e, entre eles, o oitavo, que adverte contra essa má ação muito grave contra a sua Lei.

Em nossa vida prática, tenhamos, portanto, o cuidado de jamais dizer uma inverdade diante de um magistrado ou de uma autoridade policial. Além de ser crime perante as leis da Terra, o falso testemunho também é crime perante as Leis de Deus, e quem desrespeita as Leis de Deus se torna infeliz e só poderá encontrar o sofrimento como fruto do seu mau proceder. O melhor a fazer é dirigirmos nossa vida de modo honesto e sério, imprimindo honestidade, seriedade e, sobretudo, caridade a todas as nossas manifestações a respeito do próximo. Respeitemos, portanto, o oitavo mandamento da Lei de Deus, como devemos respeitar todos os demais mandamentos.

*  *  *

*Amados irmãos, aproveitai dessas lições; é difícil o praticá-las, porém, a alma colhe delas imenso bem. Crede-me, fazei o sublime esforço que vos peço: "Amai-vos" e vereis em breve a Terra transformada num paraíso onde as almas dos justos virão repousar.* (KARDEC, Allan. *O evangelho segundo o espiritismo.* Cap. XI, it. 9, Fénelon).

## Nono Mandamento

*Não desejeis a mulher do vosso próximo.*

O nono mandamento é muito simples, mas contém um sentido tão profundo, um ensinamento tão elevado, que repercute no seio da família humana. É um dos mais importantes do Decálogo, porque é um categórico conselho de moral do próprio Criador aos seus filhos necessitados de forças e coragem a fim de não caírem em tentação durante as peripécias da vida.

*Não desejeis a mulher do vosso próximo* é o mesmo que dizer:

- Não tenha inveja de um homem que seja casado e feliz com sua esposa.

- Não tenha inveja de uma mulher que seja casada e feliz com o seu marido... Pois o ensinamento é dirigido tanto ao homem como à mulher.

- Um homem deve respeitar a esposa de outro homem e jamais cobiçá-la para viver com ela.

- Uma mulher deve respeitar o marido de outra mulher e jamais cobiçá-lo para viver com ele.

Uma pessoa invejosa pode cometer crimes a fim de possuir aquilo que os outros têm e ela não tem. E um desses crimes é justamente este: um homem querer e tirar para si a esposa de outro homem, tanto quanto uma mulher querer e tirar para si o esposo de outra mulher.

O nono mandamento, portanto, é a recomendação da Lei de Deus para que todas as criaturas respeitem e considerem as famílias umas das outras, como se se tratasse das suas próprias famílias.

Jamais um homem deve desrespeitar a esposa de outro homem; deve, sim, tratá-la respeitosamente, como gostaria que tratassem sua própria esposa.

A família de um homem, isto é, sua esposa e seus filhos, deve ser sagrada para os outros homens.

O homem que invejar o outro por causa da mulher dele e, por causa disso, prejudicar a felicidade do casal, é *culpado* perante Deus e certamente será *punido* pela Lei divina devido à falta que cometeu.

Da mesma forma, a mulher que prejudicar outra mulher, roubando o amor de seu marido, responderá perante Deus por esse erro previsto no Decálogo.

O nono mandamento, portanto, é uma advertência, um conselho do nosso Pai e Criador contra uma falta que poderá acarretar séculos de dores e sofrimentos para aqueles que a cometem.

\* \* \*

*Purificai, pois, os vossos corações; não consintais que neles demore qualquer pensamento mundano ou fútil.* (KARDEC, Allan. *O evangelho segundo o espiritismo.* Cap. XVII, it. 10. *Comunicação de um Espírito protetor*).

## Décimo Mandamento

*Não cobiceis a casa do vosso próximo, nem o seu servo, nem a sua serva, nem o seu boi, nem o seu asno, nem qualquer das coisas que lhe pertençam.*

O décimo mandamento da Lei de Deus, tal como o 9º, adverte contra a inveja e a ambição desmedida de quem não possui os bens materiais que o seu amigo ou vizinho possui.

Cobiça quer dizer desejo imoderado ou mesmo violento de possuir uma coisa: avidez, ambição de riquezas e de bens.

A cobiça, portanto, e a inveja são dos maiores e mais funestos defeitos que uma pessoa pode trazer consigo. Ambos poderão arrastar as criaturas a cometerem erros de difícil reparação e até crimes contra o próximo. Além disso, tanto a cobiça como a inveja fazem sofrer horrivelmente o coração de quem as agasalha, sendo também prova de inferioridade de caráter.

O décimo mandamento da Lei de Deus é uma lição para que sejamos desinteressados e superiores diante da nossa condição de modéstia ou de pobreza, sem jamais nos sentirmos inferiorizados diante de quem quer que seja mais elevado do que nós na sociedade, pelos bens materiais ou intelectuais que possuírem. Nossa honradez, nossa boa vontade em servir o próximo, pelo amor de Deus, ou nossas qualidades morais superiores valem muito mais do que as riquezas e os bens terrenos que não possuímos.

É justo, porém, que desejemos possuir bens materiais. Mas se desejarmos possuí-los, devemos nos esforçar honestamente por conquistá-los, sem nos sentirmos despeitados ou invejosos das riquezas dos outros, e então os bons Espíritos ajudarão a prosperidade do nosso trabalho honesto, se tivermos merecimentos para tanto.

*  *  *

Para terminar a conversação agradável sobre as coisas de Deus, naquela formosa manhã de verão. Dr. Arnaldo disse ainda aos seus jovens amiguinhos:

— Os Dez Mandamentos da Lei de Deus se resumem em dois:

*Amar a Deus sobre todas as coisas e amar o próximo como a nós mesmos.*

— Sim — finalizou ele — os Dez Mandamentos, primeira revelação de Deus aos homens, são o código de amor e respeito mútuos que deve reger os homens dentro das normas do progresso e da evolução para o estado de perfeição moral e espiritual da humanidade.

### As Três Revelações

Desejo que, desde já, todos vocês comecem a aprender e praticar as Leis desse Código divino, para que, futuramente, possam ser cidadãos dignos e honestos, fraternos e amigos do próximo, como verdadeiros cristãos e verdadeiros espíritas reeducados nos sublimes ensinamentos da Lei de Deus.

\* \* \*

Estava terminada a análise dos Dez Mandamentos — a lição daquele dia.

Eram dez horas, e a manhã continuava linda e cheia de sol, com os pássaros cantando sempre, escondidos entre as folhagens das árvores.

Dr. Arnaldo Vasconcelos convidou os jovens a regressarem a casa com ele. Todos se levantaram e começaram a caminhar em direção à Granja Feliz. E o céu e o mar pareciam irradiar alegrias, por também terem presenciado a importante lição sobre as Leis de Deus, supremo Criador de todas as coisas existentes no universo.

\* \* \*

*É de todos os tempos e de todos os países esta Lei e tem, por isso mesmo, caráter divino. (KARDEC, Allan. O evangelho segundo o espiritismo. Cap. 1, it. 2).*

# Segunda Parte

## A Segunda Revelação

# 1

## A Segunda Revelação

Durante os dias que seguiram, o Dr. Arnaldo preferiu nada ensinar. Deixou que seus jovens netos e os amigos meditassem bastante sobre aquelas tão lindas lições, que conversassem sobre elas, indagassem sobre as dúvidas que pudessem ter, tirassem deduções.

Cinco dias depois era uma quinta-feira.

Às quintas-feiras ele costumava fazer o culto do Evangelho no Lar, como é de hábito as famílias espíritas fazerem.

Como residissem no campo, a solenidade era realizada às três horas da tarde e não à noite, a fim de facilitar a volta dos vizinhos às suas casas.

No dia que descrevemos, todos os nossos jovens amigos estavam presentes, pois era ocasião das férias.

Lá estavam, portanto, Carlos, Eneida, Elisinha, Ronaldo e Dirceu, seus hóspedes. Lá estavam também Luís Antônio, o mais velho do grupo, com as suas quatro irmãs mais velhas, Leila Barbosa e os irmãos, Mário e Paulinho, Manoelzinho e os irmãos. A prima Lilásea, os irmãos e os alunos, Ricardo Felício da Silva, completamente restabelecido da paralisia, e os três irmãos adolescentes também — todos cheios de curiosidade e entusiasmo pela vida, ansiosos por tudo aprenderem.

Quando soaram as três horas da tarde no relógio da Granja Feliz, o Dr. Arnaldo, que presidia a reunião, começou a falar, iniciando a solenidade com uma prece.

Ele ia falar sobre a Doutrina de Jesus Cristo, isto é, a segunda revelação de Deus aos homens.

Muito atenta e respeitosa, a assistência aguardava.

## Quem representa a Segunda Revelação?

— Em *O evangelho segundo o espiritismo*, capítulo I, item 6, encontra-se esta instrução de Allan Kardec, o codificador do Espiritismo: "A lei do Antigo Testamento teve em Moisés a sua personificação; a do Novo Testamento tem-na no Cristo."

"A Segunda Revelação, portanto, contida no Novo Testamento, foi apresentada pela personalidade inconfundível de Jesus, o Cristo de Deus, e pode-se dizer que é a continuação da primeira revelação, representada por Moisés. Depois do regresso de Jesus ao plano espiritual, a doutrina por ele exposta recebeu o nome de Cristianismo, em memória do seu nome, e os adeptos dessa doutrina foram chamados cristãos.

"Mas, — perguntarão os meus jovens ouvintes — em que época Jesus apareceu para ensinar a sua doutrina, curar os cegos, os paralíticos, os leprosos, os 'endemoninhados', os quais, nós, espíritas, preferimos denominar 'obsidiados'?

"É o evangelista Lucas, com o seu atraente modo de descrever os acontecimentos, que nos informa isso, no terceiro capítulo do seu Evangelho, versículos 1 e seguintes."

— E os outros evangelistas não informam essa época também? — perguntou alguém da assistência, interessado no assunto.

— Sim, informam, mas de modo lacônico; Lucas é o mais preciso nesse esclarecimento.

"Lucas escreveu, pois, que, quando Jesus apareceu na Galileia ensinando a sua doutrina e curando os doentes, já não era César Augusto que governava Roma e o mundo, mas sim Tibério. E, como senhor do mundo, o Império Romano dominava também parte do Oriente: a Palestina, isto é, a Judeia e a Galileia. Daí a relação existente entre Jesus e esse Império.

"Nessa mesma ocasião, Anás e Caifás eram os principais sacerdotes do templo dos judeus, em Jerusalém.

"Pôncio Pilatos era governador da Judeia, isto é, uma espécie de representante do governo de Roma. E, ainda nessa mesma ocasião, apareceu João, o Batista, chamado o precursor do Cristo. E reinava na Galileia Herodes Antipas, filho de Herodes I, o Grande, sob a tutela do imperador romano Tibério."

Todas essas personagens que acabamos de citar existiram realmente, seus nomes e suas posições sociais são reconhecidos e citados pela História.

## A palavra de Deus

O jovem Ricardinho Felício da Silva iniciara o aprendizado evangélico-espírita um tanto tarde, devido à enfermidade grave que sofrera na primeira infância. Mas ainda não esquecera que fora paralítico das pernas e que Jesus o curara através do tratamento de passes aplicados pela dedicada médium espírita Míriam, antiga amiga da família Vasconcelos.

Ouvindo o que o expositor dizia, pediu licença e perguntou, ansioso por tudo aprender em torno do amável Mestre que o curara:

— Que quer dizer "palavra de Deus"? Tenho ouvido dizerem isso, mas não sei do que se trata.

— Quer dizer Lei de Deus, doutrina divina; Jesus Cristo veio ao mundo com a missão de ensinar aos homens a continuação da Lei de Deus revelada por meio dos Dez Mandamentos. Jesus foi, portanto, o missionário que nos trouxe a segunda parte da palavra de Deus.

A doutrina ensinada e exemplificada por Ele é, pois, a segunda revelação de Deus aos homens.

Jesus Cristo foi, por isso mesmo, o Verbo de Deus, ou o Verbo divino, isto é, trouxe a este mundo a Palavra de Deus, que quer dizer doutrina divina, Lei de Deus.

\* \* \*

*Eu sou o pão da vida; o que vem a mim jamais terá fome;*
*e o que crê em mim jamais terá sede.* (JOÃO, 6:35).

*Um dia Deus, na sua inesgotável caridade, permitiu que o homem visse a verdade varrer as trevas. Esse dia foi o do advento do Cristo.* (KARDEC, Allan. *O evangelho segundo o espiritismo.* Cap. 1, it. 10).

# 2

# No Sermão da Montanha

O QUE DIZEM O QUINTO E O SEXTO CAPÍTULOS DO EVANGELHO SEGUNDO MATEUS

Continuou a reunião. A jovem Lilásea exclamou:

— Dr. Arnaldo, por obséquio, fale o mais possível da personalidade de Jesus Cristo. É tão grato ao coração ouvir referências a Ele! O que fazia, como falava, como agia para ensinar a sua doutrina e exemplificar o que aconselhava? Eu quisera mesmo poder ouvir o som da sua voz...

— Farei o possível por atendê-la, minha filha — respondeu e expositor — e começou a falar:

"Os capítulos 5 e 6 do Evangelho escrito pelo apóstolo Mateus narram o discurso proferido por Jesus ao iniciar as pregações da doutrina que trouxera do Alto.

"Nesse dia, vendo Jesus um grande aglomerado de pessoas que o rodeavam, ansiando ouvir a sua palavra, aproveitou a ocasião, subiu a uma pequena colina e expôs o mais importante código de moral que apareceu neste mundo. Leis divinas que não serão jamais superadas, a não ser que o próprio Jesus nos venha apresentar outras superiores a essas.

"Esse discurso, ou pregação, ficou célebre no mundo todo e conhecido como o Sermão da Montanha, ou Sermão do Monte. Mais tarde os evangelistas o escreveram e ele chegou até nós.

"A moral pregada por Jesus, não só a que é exposta no Sermão da Montanha, mas também a decorrente de todo o Evangelho, confirma a moral contida no Decálogo. Ela é a continuação dos ensinamentos deste e também se resume em 'Amar a Deus sobre todas as coisas e ao próximo como a si mesmo.'

"Durante o Sermão da Montanha, Ele próprio declarou isso, quando disse:

"— Não penseis que vim derrogar a lei e os profetas: não vim para revogar, vim para cumprir" (MATEUS, 5:17). — E isso Ele disse porque os profetas que viveram antes dele também foram emissários de Deus para darem aos homens ensinamentos de alto valor moral e espiritual, para a educação do povo. O noticiário histórico sobre os profetas e os seus ensinamentos, que formam o Velho Testamento, são encontrados na *Bíblia Sagrada*, e os ensinamentos dados por Jesus são encontrados no Novo Testamento, igualmente incluído na *Bíblia Sagrada*.

"Por várias vezes, porém, pregando a sua doutrina, Jesus teve o cuidado de explicar o seguinte, dizendo:

"— Porque eu não tenho falado por mim mesmo, mas o Pai, que me enviou, esse me tem prescrito o que dizer e o que anunciar.

"Essa afirmativa de Jesus é encontrada no capítulo 12, versículo 49, do Evangelho segundo o apóstolo João.

"Tais declarações de Jesus são muito importantes, pois realmente provam que a doutrina por ele ensinada não era de sua autoria, era uma revelação de Deus como também os Dez Mandamentos o foram.

"Em toda a exposição da doutrina que trouxera do Alto para ensinar à humanidade, Jesus revelou Deus como Pai misericordioso e bom, corrigindo, assim, a tradição dos antigos hebreus, que falavam de Deus como juiz inflexível e austero, sem piedade nem misericórdia. Assim sendo, Jesus foi também o Mestre que reformou a tradição dos antigos, dando-nos a conhecer o Deus de Amor e de Perdão, que deseja ser amado e respeitado por seus filhos, e não temido.

"Ora, uma das belas e preciosas lições que Jesus ministrou durante o Sermão da Montanha foi o modo pelo qual devemos orar e a prece denominada *Pai-nosso* ou *Oração dominical*. O evangelista Mateus certamente estava presente, ao lado do Mestre, no momento em que ele falava, razão por que, no capítulo 6 do seu Evangelho, versículos 5 a 8, existe a notícia de importante recomendação feita por Jesus aos homens daquele tempo e, logicamente, a nós todos:

> E quando orardes não sereis como os hipócritas; porque gostam de orar em pé nas sinagogas e no canto das praças, para serem vistos pelos homens. Em verdade vos digo que eles já receberam a recompensa. Tu, porém, quando orares, entra no teu quarto e, fechada a porta, orarás a teu Pai que está em secreto; e teu Pai, que vê o que está em secreto, te recompensará. E, orando, não useis de vãs repetições, como os gentios; porque presumem que pelo seu muito falar serão ouvidos. Não vos assemelheis, pois, a eles; porque Deus, o vosso Pai, sabe o de que tendes necessidade, antes que lho peçais.

"Assim disse Jesus. Mas não foi só isso que ele falou sobre a oração. Também o evangelista Marcos, no capítulo 11 do Evangelho que tem o seu nome, versículos 25 a 26, informa que Jesus recomendou ainda o seguinte em outra ocasião:

"— E quando estiverdes orando, se tendes alguma coisa contra alguém, perdoai, para que vosso Pai celestial vos perdoe as vossas ofensas. Mas, se não perdoardes, também vosso Pai celeste não vos perdoará as vossas ofensas."

## A ORAÇÃO DO SENHOR

"Conforme sabemos, a oração do Senhor é o 'Pai-nosso,' que nós tão bem conhecemos.

"Essa prece, que tanto comove e enaltece o coração dos cristãos, foi proferida por Jesus durante o Sermão da Montanha, conforme todos sabem, depois das recomendações necessárias:

> Pai nosso, que estás nos céus, santificado seja o teu nome; venha o teu reino; faça-se a tua vontade, assim na terra como no céu; o pão nosso de cada dia dá-nos hoje; perdoa-nos nossas dívidas, assim como nós perdoamos aos nossos devedores; e não nos deixes cair em tentação; mas livra-nos do mal. Assim seja (MATEUS, 6:9 a 15; LUCAS, 11:2 a 4)."

O expositor prosseguiu depois de uma pausa:

— Estou certo de que nenhum de vocês poderia analisar essa prece devidamente a fim de bem compreender os profundos ensinamentos que ela contém. Vamos, portanto, fazer uma pequena análise dessa oração para melhor arquivá-la em nosso coração para sempre.

"Essa pequenina prece, meus caros amigos, tem consolado e fortalecido o coração dos cristãos há 20 séculos.

"Nas horas de tristeza e sofrimento, a ela temos recorrido como supremo recurso para nos elevarmos até Deus, pelo pensamento, procurando amparo e proteção para nossos padecimentos físicos e morais e nossas angústias.

"Ela bem vale, portanto, o trabalho de uma análise para ser bem compreendida e assimilada.

"Fiquem atentos, nós a examinaremos dentro em pouco..."

\* \* \*

*Toda a moral de Jesus se resume na caridade e na humildade, isto é, nas duas virtudes contrárias ao egoísmo e ao orgulho. Em todos os seus ensinos, Ele aponta essas duas virtudes como sendo as que conduzem à eterna felicidade.* (KARDEC, Allan. *O evangelho segundo o espiritismo*. Cap. XV, it. 3).

# 3

# ANÁLISE DA ORAÇÃO DOMINICAL[5]

*a) Pai nosso, que estás nos céus, santificado seja o teu nome.*

— Cremos em ti, Senhor Deus; sentimos a realidade do teu poder e da tua bondade, que se revelam dentro de nós mesmos, como também na beleza e no esplendor da natureza.

"Em todas as obras de Criação, desde o raminho de erva minúscula e o pequenino inseto, até os astros que se movem no espaço, o nome se acha inscrito de um Ser soberanamente grande e sábio. Por toda a parte se nos depara a prova de paternal solicitude. Cego, portanto, é aquele que não te reconhece nas tuas obras, orgulhoso aquele que te não glorifica e ingrato aquele que não te rende graças.

"Louvamos, pois, e amamos o teu nome, com todas as forças do nosso coração e da nossa razão, reconhecendo em ti o Supremo Criador de nossas almas e de todas as maravilhas do universo."

---

[5] Nota da autora: Para este estudo, valemo-nos do capítulo XXVIII de *O evangelho segundo o espiritismo*, de Allan Kardec, itens 2 e 3, juntando às nossas próprias expressões trechos do dito capítulo, segundo as instruções recebidas do assistente espiritual. Os trechos aspeados são os transcritos do livro acima citado.

*b) Venha o teu Reino.*

— Meu Deus! Reconhecemos a sabedoria das tuas leis. Sabemos que, se todas as criaturas obedecessem e respeitassem tuas leis, seriam felizes, pois elas são harmoniosas e perfeitas, visando ao progresso e ao bem de todos nós. Desejamos, portanto, compreendê-las e praticá-las, Senhor, contribuindo para o bem-estar do nosso próximo, amando-o como a nós mesmos e exercendo o bem por toda parte e, assim, demonstrando o nosso esforço e a nossa boa vontade em respeitar as mesmas leis.

Dá, pois, a tua ajuda para aprendermos a nos conduzir sempre de modo a não desrespeitá-las, para que o teu reino — o reino da fraternidade, do amor, da justiça e da verdade — possa ser estabelecido em nossos corações, irradiando para a sociedade em que vivemos, como para o planeta em que habitamos.

*c) Faça-se tua vontade, assim na Terra como no Céu.*

— Se devemos ser submissos aos nossos pais, respeitando suas vontades; se devemos atender e respeitar os desejos e ordens dos nossos superiores, com maior razão devemos obedecer a tua vontade, Senhor, pois és o nosso Pai Supremo, o nosso Criador.

Fazer a tua vontade, Senhor, é observar as tuas leis e submeter-se, sem queixumes, aos teus decretos. O homem a elas se submeterá, quando compreender que és a fonte de toda a sabedoria e que somente desejas o nosso progresso e a nossa felicidade. Ele se curvará, então, com amor e submissão à tua vontade na Terra, assim como os eleitos o fazem no Céu.

*d) O pão nosso de cada dia dá-nos hoje.*

— Dá-nos, meu Deus, o alimento indispensável à sustentação das forças do corpo; mas dá-nos também o alimento espiritual para o desenvolvimento do nosso espírito.

Ajuda-nos a amar o trabalho e a ele nos dedicarmos, a fim de que nossa inteligência seja exercitada pelo esforço diário que fizermos para conquistar, com o teu auxílio, o nosso bem-estar e o nosso sustento.

O trabalho é Lei criada por ti.

"Dá-nos, portanto, forças para obedecer a essa Lei, desenvolvendo o trabalho honroso durante toda a nossa vida, pois, assim sendo, teremos meios para adquirir o nosso pão de cada dia e as demais coisas de que necessitamos.

E preserva-nos, ó meu Deus! de sentir inveja ou ciúme daqueles que possuem o que nós não possuímos.

Concede-nos teu amparo sermos resignados com a nossa situação e confiantes nos dias futuros, dias que poderão ser felizes para nós, conforme o nosso merecimento e a tua misericórdia.

Dá-nos ainda o alimento para a alma, isto é, teu amparo para conseguirmos iluminá-la com as boas qualidades do coração, que nos tornarão bons observadores das tuas leis.

*e) E perdoa as nossas dívidas, assim como nós temos perdoado aos nossos devedores.*

— Tuas Leis, senhor, recomendam o amor, a caridade e o perdão. Perdoar as ofensas que recebemos é obedecer fielmente as tuas leis e praticar um dos mais belos e meritórios atos de caridade. Se não perdoarmos as ofensas que recebemos, como teremos coragem de rogar a ti o perdão das nossas próprias faltas?

Concede-nos, portanto, forças para perdoar e esquecer as ofensas recebidas e "apagar da nossa alma todo ressentimento, todo ódio e todo rancor" contra o nosso próximo, a fim de que também tu nos possas perdoar os erros cometidos contra os teus ensinamentos de amor, de caridade e de perdão.

*f) Não nos deixes cair em tentação, mas livra-nos do mal.*

— Dá-nos, Senhor, a força de resistir às sugestões dos maus Espíritos, encarnados ou desencarnados, que tentem desviar-nos da senda do bem, inspirando-nos maus pensamentos.

Socorre-nos, meu Deus, ajudando-nos a afastar de nós mesmos os maus pensamentos que atraem os Espíritos perturbadores.

Dá-nos forças para renovarmos o nosso coração nos ensinamentos da tua Lei de amor e justiça, porque assim fazendo atrairemos os bons Espíritos e afastaremos os obsessores que desejarem nos fazer *cair em tentação*, isto é, praticar o mal.

Contra nossas próprias imperfeições, portanto, é que devemos combater, porque são elas que atraem os Espíritos tentadores para junto de nós. Ampara-nos, pois, Senhor Deus!

Permite que os nossos guias espirituais nos inspirem sentimentos de fraternidade e honradez, a fim de que as tentações do mal se afastem de nós e venham as tuas bênçãos protetoras guiar os nossos passos na senda do progresso moral e espiritual.

*g) Assim seja!*

Permite, Senhor, que nossos desejos se realizem, isto é, que as súplicas que acabamos de fazer nos sejam concedidas pela tua bondade. Mas, se não pudermos ser atendidos, nós nos resignaremos, pois sabes melhor do que nós aquilo que nos convém. Nós nos submetemos, portanto, à tua sabedoria infinita e à tua justiça.

Que se cumpra, pois, a tua vontade e não a nossa.

Rogamos ainda pelas "almas sofredoras, encarnadas e desencarnadas, pelos nossos amigos e inimigos, por todos que solicitem a nossa assistência". Que sejam concedidos a eles os mesmos favores que acabamos de solicitar para nós próprios.

* * *

Com o estudo sobre o Pai-nosso, terminara a reunião. Coube a Elisinha, de 13 anos de idade, pronunciar a prece de encerramento.

Ela pronunciou, justamente, o Pai-nosso, isto é, a oração que acabara de ser analisada, mas o fez com humildade e sincera emoção.

Antes de se retirarem da sua sala, o orador explicou:

— Meus caros jovens, meditem bastante sobre o estudo que acabamos de fazer, porque ele encerra importância capital para todos nós. Amanhã, durante o passeio, conversaremos ainda sobre o Sermão da Montanha.

Todos se retiraram, felizes e sorridentes.

Os adultos se retiraram para o salão, a fim de conversarem mais um pouco.

Os jovens preferiram distrair-se e cantar no jardim, entre as flores e os pássaros.

Eram dezesseis e trinta, isto é, quatro horas e trinta minutos da tarde.

* * *

*Pela prece, obtém o homem o concurso dos bons Espíritos, que ocorrem a sustentá-lo em suas boas resoluções e a lhe inspirar ideias sãs.*

*[...] Renunciar alguém à prece é negar a bondade de Deus; é recusar, para si, a sua assistência e, para com os outros, abrir mão do bem que lhes pode fazer. (KARDEC, Allan. O evangelho segundo o espiritismo. Cap. XXVII, it. 12).*

# 4

## Os Evangelhos

### Os auxiliares de Jesus

Não foi possível o passeio projetado para a manhã seguinte. Chovera durante a noite, o dia amanhecera nublado, com pancadas de chuvas frequentes, e a temperatura caíra. Ninguém, pois, pensara em passear. Mas, após o almoço, vários amigos apareceram na Granja Feliz, ciosos da convivência amável dos seus habitantes e, entre os visitantes, alguns jovens que ali estiveram no dia anterior.

Depois de uma conversação trivial, uma jovem exclamou:

— Poderíamos conversar, então, sobre assuntos doutrinários, já que não nos foi possível passear.

Aceita a sugestão da jovem, dirigiram-se todos à biblioteca da casa e Dr. Arnaldo foi convidado a explanar um ponto doutrinário qualquer.

— Que hei de dizer? — perguntou ele, aceitando o honroso convite dos jovens.

Foi Eneida que, muito aplicada aos estudos doutrinários, escolheu o assunto do dia:

— Diga alguma coisa sobre os apóstolos de Jesus, querido vovô, pouco sabemos sobre eles.

E o paciente amigo dos jovens começou a falar, conversando com os seus amiguinhos:

— Quando os espíritas se reúnem, invariavelmente conversam sobre a sua Doutrina, isto é, a Doutrina Espírita. No capítulo 6 do *Evangelho de Lucas*, versículo 45, vemos esta expressão de Jesus, nosso Mestre sempre amado: "[...] a boca fala do que está cheio o coração".

"Ora, nosso coração está cheio do amor de Jesus Cristo, do seu Evangelho, da sua Doutrina. É por isso que, onde quer que nos encontremos, somente tratamos de assuntos doutrinários. Falemos, portanto, do Evangelho..." — E prosseguiu, enquanto os ouvintes guardavam silêncio.

"Quando viveu sobre a Terra, Jesus teve 12 apóstolos, os quais foram auxiliares seus na difusão da sua Doutrina, o Cristianismo, que nós, espíritas, consideramos como a Segunda Revelação de Deus aos homens. Cercou-se, igualmente, de muitos discípulos fiéis, os quais não foram propriamente apóstolos, mas serviram à causa da nova Doutrina com idêntico amor ao dos apóstolos e idêntica abnegação.

"Dentre esses dedicados servidores, se destacaram quatro, os quais, depois da morte de Jesus, escreveram os Evangelhos. Esses quatro foram, como todos vocês devem saber, Mateus, Marcos, Lucas e João.

"Mateus e João foram apóstolos chamados diretos, de Jesus, porque conviveram com Ele, seguiram seus passos nos serviços da sua missão, ajudaram-no todos os dias nas idas e vindas necessárias à propagação da nova Doutrina, receberam pessoalmente as instruções fornecidas pelo Mestre.

"Marcos e Lucas, porém, não foram apóstolos diretos, mas serviram à Doutrina de Jesus como verdadeiros abnegados e, por isso, mereceram ser considerados também apóstolos.

"Marcos conheceu Jesus pessoalmente, mas era ainda menino, um adolescente, como vocês, quando o Mestre ensinava a sua Doutrina. E Lucas nem mesmo o conheceu pessoalmente.

"Esses quatro dedicados servidores escreveram os Evangelhos depois da morte de Jesus, isto é, cada um escreveu a sua versão sobre os feitos do Mestre: os ensinamentos com que Ele instruía o povo sobre a nova Doutrina, as Leis em que ela se baseia, as curas feitas por Ele nos pobres doentes, nos aleijados, nos cegos, nos obsidiados, enfim, sobre os acontecimentos em torno do mesmo Senhor Jesus, nosso Mestre.

"Cada Evangelho, portanto, é assinado como o nome do seu autor, exatamente como um livro moderno traz a assinatura de quem o escreveu. Se quisermos citar um trecho do *Evangelho de Mateus*, por exemplo, na escrita ou na oratória, havemos de citar também o seu nome, o capítulo do qual retiramos a citação e o versículo, ou versículos, que são todos numerados, conforme podemos constatar no volume de o Novo Testamento de Nosso Senhor Jesus Cristo.

"Da mesma forma havemos de proceder com os demais autores, isto é, Marcos, Lucas e João.

"O estudo dos Evangelhos é o que há de mais nobre, digno e belo para quem o faz. Mas implica também muita responsabilidade, pois esse estudo nos leva ao conhecimento das Leis de Deus e ao dever de transformarmos a nossa vida a fim de vivermos de acordo com o que aprendemos. É estudo que havemos de realizar a vida inteira, com seriedade e amor, com paciência e dedicação, e não com indiferença ou simples dever ou passatempo."

— E como terminaram os apóstolos a sua vida? Foram perseguidos também a exemplo do Mestre? Nada sei sobre a sorte deles — voltou a perguntar Eneida.

— Sim, tal qual Jesus, os apóstolos muito sofreram, foram perseguidos e morreram sacrificados, à exceção de João, o evangelista.

"Os Evangelhos nada adiantam sobre a morte dos apóstolos. Há, porém, um livro que pertence ao Novo Testamento, intitulado *Atos dos apóstolos,* escrito por Lucas, o evangelista, que nos informa, no capítulo 12, versículos 1 e 2, que o rei Herodes Agripa fez baixar uma ordem mandando matar cristãos. Nessa ocasião, Tiago, filho de Zebedeu e irmão de João, foi passado a fio de espada, isto é, decapitado. Isso se passou mais ou menos no ano 41 da nossa Era, segundo os historiadores cristãos. Mas existem outras fontes, na história do Cristianismo, que nos podem mais ou menos elucidar a propósito. Antigos doutores e historiadores cristãos do primeiro século deixaram indicações que nos apontam o destino de vários apóstolos do Senhor. Tais noticiários não são propriamente oficiais, mas fruto da tradição cristã e de escritos dos mesmos historiadores. Entre estes, o historiador judeu Flávio Josefo, testemunha ocultar dos acontecimentos dos tempos de Jesus, e o historiador e moralista cristão Hegesipo, que escreveu em meados do segundo século, afirmaram que, pelo ano 62, o grande sacerdote Anás, filho daquele que foi o maior responsável pela crucificação de Jesus, mandou prender Tiago, filho de Alfeu, e denunciou-o ao Sinédrio (tribunal religioso de Israel), durante a ausência do representante do Império Romano. Tiago foi levado, então, ao alto da torre do templo e exigiram dele que renegasse o Cristo. Como se recusasse a renegar o seu Mestre, Tiago foi atirado do alto da torre ao abismo, mas não morreu. Foi então apedrejado, e, como resistisse ainda, terminaram por matá-lo com uma pesada maça, um pisão.[6]

"Por meio, pois, desses historiadores e doutores do Cristianismo dos dois primeiros séculos, ficamos sabendo que todos os apóstolos de Jesus morreram sacrificados, tal como o seu Mestre. João, porém, escapou do martírio, mas foi deportado para a ilha de Patmos, por ordem do imperador Domiciano, de Roma, o qual promoveu terríveis perseguições contra os inofensivos cristãos. João foi libertado do exílio pelo imperador Nerva, que substituiu Domiciano no governo de Roma, voltando então para Éfeso, onde ficou para sempre."

— Em que época se passaram esses acontecimentos, meu avô? — indagou Carlos, que amava o estudo da História.

— Bem, Tito Flávio Domiciano, último representante da dinastia dos Flávios, governou o Império Romano do ano 81 ao ano 96. Nesse período, perseguiu cruelmente os cristãos. Era filho do Imperador Vespasiano e irmão mais moço do imperador Tito, o célebre general que arrasou Jerusalém no ano 70. Quanto a Nerva, imperador do ano 96 ao ano 98, foi "moderado e talvez justo", no dizer dos historiadores. Não perseguiu cristãos e até libertou muitos deles das prisões e do exílio. Seu verdadeiro nome era Marcus Coceius Nerva, da dinastia dos Antoninos.

"Esses estudos são preciosos, meus jovens amigos. Além de enobrecerem nossa cultura, enobrecem também a mente e o coração. Aconselho, portanto, a dedicação a eles, ao mesmo tempo que ao estudo dos Evangelhos e da história do Cristianismo. Todos vocês serão, possivelmente, oradores e escritores espíritas, com grandes responsabilidades perante Deus e a sociedade, e precisarão estar a par de todos os assuntos que se prendem ao Evangelho e à Doutrina Espírita. E se vocês agora, durante as férias, desejarem conhecer um belo livro, útil, muito instrutivo e

---

[6] Nota da autora: ROPS, Daniel. *A igreja dos apóstolos e dos mártires*.

edificante, leiam a obra *Paulo e Estêvão*, ditada pelo Espírito Emmanuel ao médium psicógrafo Francisco Cândido Xavier."

A conversa ia prosseguir, mas do interior da casa chamaram para a merenda da tarde. E todos atenderam ao chamamento.

\* \* \*

*Aquele que tem os meus mandamentos e os guarda, esse é que me ama; e aquele que me ama será amado por meu Pai, e eu também o amarei e me manifestarei a ele.* (JOÃO, 14:21).

# 5

## Prossegue a conversação

### As bem-aventuranças

Uma vez sentada à mesa, saboreando vagarosamente a refeição, Eneida — sempre ela — exclamou, os olhos postos no chefe da casa, que se sentava à cabeceira!

— Continue, meu avô, falando do amado Mestre, é-nos grato conhecer todos os seus passos aqui na Terra...

E o bom velho aquiesceu, sorrindo:

— É bastante conhecido dos espíritas, meus filhos, o início da vida pública de Jesus, ou vida prática.

"No *Evangelho de Mateus,* capítulo 4, versículos 23 a 25 e capítulo 5, 1 a 12, podemos ler o seguinte:[7]

---

[7] Ver também Lucas, 6:20 a 23.

Percorria Jesus toda a Galileia, ensinando nas sinagogas, pregando o Evangelho do reino e curando toda sorte de doenças e enfermidades entre o povo. E a sua fama correu por toda a Síria; trouxeram-lhe, então, todos os doentes, acometidos de todas as enfermidades e tormentos: endemoninhados (obsidiados), lunáticos e paralíticos. E ele os curou. E da Galileia, Decápolis, Jerusalém, Judeia e dalém do Jordão numerosas multidões o seguiam.

"Logo após, no capítulo 5, versículos 1 a 12, esse noticiário é completado com a seguinte exposição:

"Vendo Jesus as multidões, subiu ao monte, e como se assentasse, aproximaram-se os seus discípulos; e ele passou a ensiná-los, dizendo:

*Bem-aventurados os humildes de espírito, porque deles é o reino dos céus.*

*Bem-aventurados os que choram, porque serão consolados.*

*Bem-aventurados os mansos, porque herdarão a Terra.*

*Bem-aventurados os que têm fome e sede de justiça, porque serão fartos.*

*Bem-aventurados os misericordiosos, porque alcançarão misericórdia.*

*Bem-aventurados os limpos de coração, porque verão a Deus.*

*Bem-aventurados os pacificadores, porque serão chamados filhos de Deus.*

*Bem-aventurados os perseguidos por causa da justiça, porque deles é o reino dos céus.*

*Bem-aventurados sois quando, por minha causa, vos injuriarem e vos perseguirem e, mentindo, disserem todo mal contra vós.*

*Regozijai-vos e exultai, porque é grande o vosso galardão nos céus; pois assim perseguiram aos profetas que viveram antes de vós.*

"Assim, pois, começou o célebre *Sermão da Montanha ou Sermão do Monte*, isto é, a exposição dos fundamentos morais do Cristianismo, fundamentos divinos que jamais serão superados, e os quais nenhum cristão e nenhum espírita fiel à sua crença devem ignorar.

"É belo e de absoluta utilidade para todos nós ler, estudar, assimilar todos os ensinamentos contidos nos capítulos 5 a 7 do evangelista Mateus, pois essas importantes lições podem reformar e educar o nosso coração e o nosso caráter, se realmente desejarmos progredir, caminhando para Deus. Esses estudos são indispensáveis, urgentes nos dias atuais, porquanto é exatamente a falta de conhecimento da moral evangélico-cristã que conturba e desorienta as sociedades atuais."

## Os sete diáconos

O expositor ia continuar falando sobre a vida prática de Jesus quando Eneida, ansiosa por tudo conhecer, voltou a indagar:

— Não creio que Jesus tivesse apenas 12 apóstolos como auxiliares. Os serviços, certamente, eram muitos. Informe-nos disso, meu avô...

— Sim, você tem razão. Além dos 12 apóstolos, Jesus teve também, como auxiliares, muitos outros discípulos, inclusive mulheres, que o amavam como Mestre e o seguiam, dedicadamente, auxiliando no que lhes era possível. Entre os discípulos, ele escolheu 70 dos mais dedicados, os quais muito trabalharam e também sofreram pela causa sublime do Mestre. Vários desses 70 discípulos foram perseguidos e martirizados depois da morte de Jesus, durante as muitas perseguições que se sucederam contra os cristãos.

— E os sete diáconos?... Tenho ouvido referências a eles, mas nada absolutamente sei a respeito — voltou Eneida a apartear.

— Os sete diáconos não são do tempo de Jesus, minha filha, foram estabelecidos depois da sua volta ao mundo espiritual. O noticiário sobre eles encontra-se em *Atos dos apóstolos,* capítulo 6, versículos 1 a 7, que é o quinto livro de o Novo Testamento, de autoria do evangelista Lucas, e nele se acham apontamentos em torno dos apóstolos de Jesus, depois do drama da cruz, principalmente os acontecimentos em torno do apóstolo Pedro e de Paulo de Tarso.

"Mas houve o seguinte.

"Depois do desaparecimento de Jesus da face da Terra, os apóstolos e demais seguidores se reorganizaram, apesar das inúmeras dificuldades contra as quais lutavam, decididos a trabalhar pela difusão da Doutrina que haviam aprendido de Jesus, o Enviado de Deus.

"O movimento cristão havia crescido muito e os serviços aumentaram consideravelmente. Havia muitos pobres a serem socorridos, viúvas paupérrimas, velhos, enfermos na miséria, e seria preciso socorrer a todos com alimento e tudo que fosse possível, pois a Doutrina de Jesus aconselhava o amor e o auxílio ao próximo, e os apóstolos faziam esse serviço com dificuldade, visto que eram poucos para trabalho tão intenso. Algums pobres e viúvas eram então esquecidos, porque os 12 apóstolos não tinham tempo de socorrer a todos, uma vez que ainda tinham outros deveres a cumprir, como, por exemplo, as reuniões para ensinar a Doutrina ao povo e as pregações em localidades fora de Jerusalém. Então, decidiram os 12 e convocaram a comunidade dos discípulos a fim de deliberarem sobre o importante assunto. Ficou resolvido, então, que seriam escolhidos sete discípulos dos mais dedicados, que tivessem boa reputação e fossem bem inspirados pelo Espírito Santo, isto é, inspirados pelos Espíritos superiores que serviam à causa do Mestre amado. Os discípulos convocados escolheram, assim, sete dentre eles mesmos para "servirem a mesa", isto é, distribuir os gêneros alimentícios aos pobres e socorrê-los no que fosse possível, enquanto os apóstolos ficariam "com o ministério da palavra," ou seja, com as pregações, as reuniões e orações, e decerto também com as viagens e as curas dos enfermos, pois eles visitavam as cidades distantes levando a Boa-Nova aos seus habitantes.

"Os sete discípulos escolhidos para servirem os pobres, ou os sete diáconos foram os seguintes.

"*Estevão*, homem cheio de fé e do Espírito Santo, o mesmo que, pouco depois, foi martirizado por amor a Jesus, morrendo lapidado nas imediações do próprio Templo de Jerusalém; *Filipe*, um dos mais abnegados servidores do Cristo de Deus, verdadeiro apóstolo, também martirizado mais tarde, segundo a tradição e a história cristã. (Não devemos confundi-lo com o outro Filipe, apóstolo do grupo dos 12); *Prócoro*, *Nicanor*, *Timão*, *Pármenas* e *Nicolau*, um discípulo da cidade de Antioquia.

"Uma vez escolhidos os sete diáconos, os discípulos apresentaram-nos aos apóstolos, 'e estes, orando, lhes impuseram as mãos', abençoando-os e lhes transmitindo as bênçãos do Alto.[8]

"Conforme vocês veem, meus caros amiguinhos, — continuou o expositor — nós, espíritas-cristãos, fazemos serviços idênticos aos que eram feitos pelos primeiros discípulos do amado Mestre. Em nossas comunidades também há aqueles que servem os pobres, as crianças, os doentes, as viúvas, os velhos, tal como nos informam os Evangelhos. Somente não mais são chamados de diáconos, porque o fato de ajudar, consolar os pobres e os sofredores é um dever de todos que se dizem cristãos e prezam a sua crença. Mas... também entre nós há aqueles que ficam 'com o ministério da palavra', viajando, fazendo palestras, reuniões, obtendo a palavra de incentivo e consolo do Alto para os seus companheiros de trabalho; os que escrevem, transmitindo os conselhos dos guias protetores para os demais discípulos que não possuem o dom de se comunicarem com o Alto. E tudo isso que os primeiros discípulos realizaram realizamos também porque o Mestre nos aconselha a isso mesmo, porquanto a sua Doutrina se baseia no Amor e na Caridade. É uma Doutrina ativa e não contemplativa, ou seja, uma Doutrina de trabalho intenso. O Espiritismo

---

[8] Nota da autora: Ver *Atos dos apóstolos*, capítulo 6, versículos 1 a 7. Ver também *Paulo e Estêvão*, do Espírito Emmanuel, psicografado por Francisco Cândido Xavier.

é, pois, a continuação do Cristianismo puro, ensinado e exemplificado por Jesus. E será bom que todos vocês se habilitem, o mais cedo possível, a continuar esse labor sublime de aprender, praticar e difundir a Doutrina redentora que o Filho de Deus trouxe dos mundos celestes para nos elevar a Deus através dela, pois Ele próprio se identificou como sendo o caminho, a verdade e a vida, e que ninguém irá ao Pai senão por Ele. Por tudo isso, devemos amar e respeitar essa Doutrina a que temos a honra de pertencer."

Dr. Arnaldo calou-se, mas Eneida rogou ainda, satisfeita:

— Agora explique-nos o que é uma parábola. A do *Bom samaritano*, por exemplo.

— Sim, minha filha, explicarei, mas, amanhã. Por hoje basta.

\* \* \*

*De novo lhes falou Jesus, dizendo: Eu sou a luz do mundo, quem me segue não andará nas trevas, pelo contrário, terá a luz da vida.* (João, 8:12).

# 6

# O Bom Samaritano

### Novas instruções

No decorrer da semana seguinte chegara Isabela, a filha mais moça de Dr. Arnaldo, e sua esposa, D. Júlia, tia dos jovens Carlos, Eneida e Elisinha.

Houve alegrias e até festejos, pois os sobrinhos ofereceram-lhe um chá, às cinco horas da tarde, para o qual foram convidados os jovens amigos da casa.

Como sabemos, Isabela era professora no Rio de Janeiro, onde residia com o irmão mais velho, Frederico, pai dos nossos amigos acima citados, mas passava as férias na Granja Feliz, com os pais.

Isabela, porém, não chegara sozinha. Seu irmão e sua cunhada, Elizabeth, acompanhavam-na, bem assim um moço dos seus 28 ou 30 anos de idade, cujo nome era Roberto Waighr, de origem alemã. Ela ia ser pedida em casamento por esse moço, o qual, formado em Engenharia, viera pedir a sua mão em casamento, conhecer os futuros sogros e também a Granja Feliz. Por essa razão os nossos amiguinhos resolveram estender aos próprios pais e a ele a homenagem do chá.

No dia imediato ao da chegada daquelas queridas personagens, a manhã estava belíssima, de Sol brilhante, céu azul, e uma aragem doce e fresca soprava do oceano. O pedido de casamento ia ser realizado antes do almoço, mas Isabela não queria estar presente. Combinou então com os pais, o noivo e os jovens sobrinhos a fim de darem um passeio juntos e conversarem. Logo após, encontraram os vizinhos, e formou-se, como sempre, um pequeno grupo.

— Até que enfim pudemos sair um pouco — suspirou Elisinha. Tantos dias de chuva e nós presos em casa...

— É... — reclamou Eneida — o pior é que vovô tem estado doente, sem poder sair conosco nem continuar as costumeiras lições do Evangelho de que tanto gostamos. Prometeu falar-nos da parábola do *Bom samaritano*, mas ainda não pôde cumprir a promessa. Está velhinho, tosse muito, sente-se doente, coitadinho, receio que meu avozinho morra de uma hora para outra... E seus olhos se encheram de lágrimas.

Não pense nisso, minha querida... — adveio Isabela — mesmo que algum dos nossos entes queridos morra, não devemos desesperar. Somos espíritas, sabemos que a morte não existe, que o mundo espiritual é a nossa pátria legítima, e que lá nos encontraremos todos, na continuidade da vida, a qual será tanto mais ditosa quanto mais benévolo tiver sido o nosso procedimento na Terra perante Deus, o próximo e nós mesmos. Afastemos esse pensamento de morte. A morte não existe nesse universo infinito criado por Deus, que é o doador da vida. O que existe é vida, sempre vida, na Terra como no Além e nos espaços infinitos.

— Vamos, então, conversar sobre a vida e os feitos de Jesus Cristo, que é mais animador — aparteou Carlos, apresentando um volume do

Evangelho que trouxera oculto sob o blusão. — Fale sobre o *Bom samaritano*, titia Isabela! Que quer dizer "parábola"?

E Isabela atendeu:

— Parábola é um vocábulo que quer dizer narração alegórica que encerra doutrina moral, educativa. Jesus gostava de ensinar contando sempre uma história de fundo eminentemente moral, fácil de ser retida pela lembrança dos ouvintes. Vocês querem que eu fale sobre o *Bom samaritano*. Que espírita desconhece essa bela parábola, sempre citada pelos oradores e expositores de assuntos evangélicos em nossas reuniões?

"Essa parábola, ou essa lição, contém um tesouro de ensinamentos para o nosso coração necessitado de aprender e praticar a fraternidade, e o evangelista Lucas, no capítulo 10, versículos 25 a 37 do seu Evangelho, narra-a tão claramente que não desejo apresentá-la agora com uma adaptação que poderia desfigurá-la. Aliás, convém mesmo que vocês se habituem a conhecer alguns pontos evangélicos na sua fonte original, ou seja, no próprio Evangelho. Prefiro, portanto, apresentá-la ao vivo, isto é, na linguagem da própria versão de Lucas."

Isabela tomou, então, o Evangelho das mãos de Carlos, sentou-se na relva, os jovens se sentaram em redor e ela começou a ler o que se segue, procurando fazer leitura clara, pausada e da maneira mais bela possível.

## A PARÁBOLA

E eis que certo homem, intérprete da lei, se levantou com o intuito de pôr Jesus em provas e disse-lhe:

— Mestre, que farei para herdar a vida eterna?

Então Jesus lhe perguntou:

— Que está escrito na Lei? Como interpretas?

A isto ele respondeu:

— Amarás o Senhor teu Deus de todo o teu coração, de toda a tua alma, de todas as tuas forças e de todo o teu entendimento; e amarás o teu próximo como a ti mesmo.

Então Jesus lhe disse:

— Respondeste corretamente; faze isto e viverás.

Ele, porém, querendo justificar-se, perguntou a Jesus:

— Quem é o meu próximo?

Jesus prosseguiu, dizendo:

— Certo homem descia de Jerusalém para Jericó e veio a cair nas mãos de salteadores, os quais, depois de tudo lhe roubarem e lhe causarem muitos ferimentos, retiraram-se, deixando-o semimorto.

Casualmente descia um sacerdote por aquele mesmo caminho e, vendo-o, passou de largo.

Semelhantemente, um levita descia por aquele lugar e, vendo-o, também passou de largo.

Certo samaritano, que seguia o seu caminho, passou-lhe perto e, vendo-o, compadeceu-se dele. E, chegando-se, pensou-lhe os ferimentos, aplicando-lhes óleo e vinho; e, colocando-o sobre o seu próprio animal, levou-o para uma hospedaria e tratou dele.

No dia seguinte, tirou dois denários e os entregou ao hospedeiro, dizendo: Cuida deste homem e, se alguma coisa gastares a mais, eu to indenizarei quando voltar.

Qual destes três te parece ter sido o próximo do homem que caiu nas mãos dos salteadores?

Respondeu-lhe o intérprete da Lei:

— O que usou de misericórdia para com ele.

Então lhe disse: — Vai e procede tu de igual modo.

\* \* \*

Isabela calou-se, fechou o livro, devolveu-o a Carlos e concluiu, passados alguns instantes:

— Como vemos, queridos companheiros, essa bela página narrada pelo próprio Jesus recomenda, com firmeza de expressões, que é dever de solidariedade humana socorrer alguém, seja quem for, que esteja sofrendo, em dificuldades de qualquer natureza. Para que estejamos harmonizados com a Lei de Deus e com a nossa consciência, ser-nos-á necessário acatar e praticar esse ensinamento de nosso Mestre.

"É por isso, e por mais outras recomendações análogas dos Evangelhos, que os espíritas, que se consideram cristãos, se esforçam por praticar a beneficência para com as pessoas que sofrem, sem distinção de crença religiosa ou de raça. Todos nós somos irmãos, filhos do mesmo Criador e Pai, e nos devemos auxílio mútuo. Se todos os homens assim pensassem e fizessem, não haveria tantas dores e misérias neste mundo e a humanidade viveria em paz.

"Resta-me explicar que Jesus, tomando um samaritano como emblema do amor ao próximo, quis dizer que o sentimento de caridade e beneficência existe também no coração daqueles que não pensam como nós em assuntos religiosos. Os samaritanos eram um povo natural da província da Samaria, vizinha à Judeia, e também aceitavam o Deus único e todo-poderoso dos judeus, mas não se subordinavam às exigências do clero judaico e possuíam um templo próprio para orar em sua terra mesma, sobre o Monte Garizin, e não visitavam a Judeia para as cerimônias no Templo de Jerusalém. Eram então considerados hereges por aqueles a quem Jesus falava, e foi justamente por isso que o divino Mestre escolheu um samaritano para exemplificar a lição em sua bela parábola.

"A caridade é Lei divina, porque é o amor ao próximo por amor a Deus. Não podemos amar a Deus sem amar o próximo. Da prática dessa celeste virtude entre os homens dependem a felicidade e a paz de toda a humanidade, quer neste mundo quer no outro.

"Encerrando nosso passeio e nossa conversação desta manhã, rogo a Deus que todos vocês, que me ouviram, sejam novos samaritanos a praticarem o ensinamento da beneficência para com o próximo, contido nesta bela parábola de Jesus, nosso Mestre e Educador. Em qualquer verdadeiro benefício que fizermos ao nosso próximo estaremos honrando esta lição do Senhor." (Ver KARDEC, Allan. *O evangelho segundo o espiritismo*. Cap. XV).

\* \* \*

*Para todos os sofrimentos, tende, pois, sempre uma palavra de esperança e de conforto, a fim de que sejais inteiramente amor e justiça.* (Sanson, ex-membro da Sociedade Espírita de Paris — *O evangelho segundo o espiritismo*, cap. XI, it. 10).

# 7

## A PREOCUPAÇÃO DA ENEIDA

### ENSAIOS

Eneida sempre fora aplicada ao estudo em geral e talvez mais ainda às pesquisas dos fatos evangélicos e espíritas. Certa vez, pôs-se a escrever o dia todo, numa sexta-feira, em um álbum que preparara a fim de ensaiar escrever literatura evangélico-doutrinária. Frequentemente, desde muito pequena, ela vivia escrevendo historiazinhas, contos, e dizia à sua mãe que seu desejo era, futuramente, fazer literatura espírita ou evangélica, fosse médium ou não. Por essa razão — acrescentava ela — observava muito os pontos doutrinários que lhe forneciam, conservava-os no coração e, sempre que podia, anotava suas impressões em cadernos que lhe eram muitos queridos, pois, quando fosse adulta, seria escritora espírita.

Mas sua mãe respondia, evitando que se tornasse vaidosa:

— Isso poderá acontecer se possuires o dom de escrever, minha filha! Não se é escritor ou escritora só por se desejar sê-lo, mas o seremos se tivermos nascido com esse dom, o qual não poderá ser forjado por nós.

— Sim, eu sei e concordo com você. Mas pressinto que possuo esse dom. Sou ainda pequena, gosto de ler e escrever muito, já escrevo até alguma coisinha. Vou me aplicar sempre, estudar, e, mais tarde — quem sabe? —, poderei ser de fato servidora do bem escrevendo sobre o que tiver aprendido em nossa Doutrina Espírita, a qual eu tanto amo e respeito.

Sua mãe então se calava e a conversa findava aí.

Naquela sexta-feira, portanto, já com os seus 15 anos de idade, pusera-se a escrever o dia todo, fechada em seu quarto.

Na véspera, fora realizada mais uma reunião de estudos evangélicos sobre acontecimentos ligados à segunda revelação de Deus aos homens — o Cristianismo. Mas não fora o querido avô que expusera o ponto do dia e sim ainda sua tia Isabela. Ele continuava com a saúde alterada e o médico recomendara-lhe repouso absoluto.

Ao escrever, Eneida tentava referir-se a um dos mais belos fatos descritos pelo evangelista Lucas sobre Jesus: a sua aparição, depois da morte na cruz, a dois dos seus discípulos, na estrada que ia de Jerusalém a Emaús, pequena aldeia vizinha dessa grande cidade.

Havia já três dias que o Mestre nazareno fora crucificado, e tanto os discípulos como os apóstolos estavam consternados com sua ausência, desanimados diante da decepção sofrida com o martírio de Jesus na cruz e as dificuldades contra as quais agora lutavam para a difusão da Doutrina que o Senhor ensinara.

Eneida gostara imensamente do que sua tia dissera. Meditou sobre a bela lição e, já no dia seguinte, tomou de um bloco de papel e escreveu o que se segue, para depois corrigir os defeitos que tivesse, com alguém bastante esclarecido, e passar para as páginas do álbum, com capricho e muito amor ao trabalho.

## A narração de Lucas

"Ontem, a preleção de minha tia Isabela foi das mais belas que tenho ouvido — escrevia ela. Parece que as mulheres possuem uma ternura especial para tratar dos assuntos evangélicos. Substituindo vovô na reunião de ontem, ela começou falando assim.

"Eu poderia dar a vocês mais uma parábola de Jesus. É belo e muito prático esse modo de ensinar e aprender o bem. Os nossos romances espíritas também são como parábolas que nos ensinam suavemente não só o Evangelho, mas também pontos importantes da nossa Doutrina Espírita. Mas vocês já têm noção do que seja uma parábola e dos ensinamentos profundos que todas elas contêm.

"Quem ler o Evangelho de Lucas, principalmente, ficará conhecendo a maior parte das parábolas contidas nos Evangelhos, pois Lucas é considerado 'o evangelista das parábolas de Jesus', em vista das numerosas parábolas que cita e da delicadeza, da ternura com que se refere aos fatos da vida do amado Mestre. Trataremos então de uma narrativa desse evangelista sobre a ressurreição do Senhor Jesus e sua aparição a dois dos seus discípulos, depois do martírio na cruz na cidade de Jerusalém.

"Mas narrarei esse episódio com as próprias palavras do evangelista, a fim de não desfigurar a narrativa com o meu vocabulário e também para vocês se irem habituando desde cedo a conviver com os Evangelhos e seus autores."

Titia Isabela abriu o Novo Testamento e prosseguiu:

— Diz, portanto, Lucas, no capítulo 24 do seu Evangelho, versículos 13 a 35 e seguintes:

Naquele mesmo dia, dois dos seus discípulos estavam a caminho para uma aldeia chamada Emaús, distante de Jerusalém sessenta estádios. E iam conversando a respeito de todas as coisas sucedidas. Aconteceu que, enquanto conversavam e discutiam, o próprio Jesus se aproximou e ia com eles. Os seus olhos, porém, estavam como que impedidos de o reconhecer. Então lhes perguntou Jesus.

— Que é isso que vos preocupa e de que ides tratando à medida que caminhais?

E eles pararam, entristecidos.

Um, porém, chamado Cléofas, respondeu, dizendo:

— És o único, porventura, que, tendo estado em Jerusalém, ignoras as ocorrências destes últimos dias?

Ele lhes perguntou:

— Quais?

E explicaram:

— O que aconteceu a Jesus, o Nazareno, que era varão profeta, poderoso em obras e palavras, diante de Deus e de todo o povo, e como os principais sacerdotes e as nossas autoridades o entregaram para ser condenado à morte e o crucificaram. Ora, nós esperávamos que fosse ele quem havia de libertar Israel; mas, depois de tudo isso, é já este o terceiro dia desde que tais coisas sucederam. É verdade também que algumas mulheres, das que conosco estavam, nos surpreenderam, tendo ido de madrugada ao túmulo; e, não achando o corpo de Jesus, voltaram dizendo terem tido visões de anjos, os quais afirmaram que ele vive. De fato, alguns dos nossos foram ao sepulcro e verificaram a exatidão do que disseram as mulheres; mas a ele não no viram.

Então lhes disse Jesus:

— Ó néscios, e tardos de coração para crer tudo o que os profetas disseram! Porventura não convinha que o Cristo padecesse e entrasse na sua glória?

E, começando por Moisés, discorrendo por todos os profetas, expunha-lhes o que a seu respeito constava em todas as Escrituras.

Quando se aproximavam da aldeia para onde iam, fez ele menção de passar adiante. Mas eles o constrangeram, dizendo:

— Fica conosco, porque é tarde e o dia já declina.

E Jesus entrou para ficar com eles. E aconteceu que, quando estavam à mesa, tomando Ele o pão, abençoou-o, e, tendo-o partido, lhes deu; então se lhes abriram os olhos, e o reconheceram; mas ele desapareceu da presença deles.

E disseram um ao outro:

— Porventura não nos ardia o coração quando ele pelo caminho nos falava, quando nos expunha as Escrituras?

E, na mesma hora, levantando-se, voltaram para Jerusalém, onde acharam reunidos os apóstolos e outros com eles, os quais diziam:

— O Senhor ressuscitou e já apareceu a Simão!

Então os dois contaram o que lhes acontecera no caminho e como fora por eles reconhecido ao partir o pão.

* * *

Minha tia Isabela fechou o livro, mas disse depois:

— Como vimos, Jesus, depois de supliciado e morto na cruz, ressuscitou e apareceu a vários discípulos e amigos seus e também aos apóstolos. A todos deu provas da vida espiritual, que é a verdadeira vida, a vida imortal. Falou com todos eles perfeitamente materializado e até sentou-se à mesa com os dois discípulos da aldeia de Emaús e partiu o pão.

"A aparição de Jesus a seus amigos e discípulos reanimou as forças destes para cumprirem a tarefa de divulgar a Doutrina que o Mestre ensinara entre todos os povos. E, assim como Jesus ressuscitou e apareceu e falou aos seus amigos e discípulos, também nós, depois da morte do nosso corpo, ressuscitaremos em espírito para a vida espiritual, que é a nossa verdadeira vida."

Mas, antes que se fizesse a prece para o encerramento, ousei perguntar, desejando esclarecer uma dúvida que me incomodava:

— Querida tia Isabela, na descrição de Lucas existe esta expressão, partida dos dois discípulos:

— "Ora, nós esperávamos que fosse Ele quem havia de libertar Israel..." Que quer dizer 'libertar Israel'? Libertar de quê?

Titia sorriu bondosamente e respondeu:

— Ah! É que, naquele tempo, Israel era dominado pelo Império Romano e as leis que ali vigoravam eram as romanas. Os judeus não se conformavam com essa escravidão, queriam a libertação do jugo romano. Como sabiam que Jesus era o enviado de Deus, o Messias, conforme diziam os seus adeptos, esperavam que fosse Ele quem libertasse a pátria escravizada...

— E Jesus não a libertou?

## As Três Revelações

— Não, minha filha! A missão de Jesus não foi essa. Ele não era guerreiro nem político. Jesus veio trazer aos homens a verdade sobre Deus e suas Leis e ensinar os meios de nos libertarmos dos nossos erros e pecados e caminhar para Deus. Sua Doutrina é, portanto, salvadora, educadora, e, se a praticarmos honestamente, estaremos sempre elevando o nosso espírito para a Alto e nos aperfeiçoando para a finalidade feliz junto de nosso Mestre e junto de Deus. Por isso mesmo é Jesus considerado por todos os cristãos o nosso Salvador, o nosso Mestre.

Minha tia ia terminar, mas eu indaguei ainda, no que fui censurada pelos demais ouvintes que ali se achavam:

— Desculpe, querida tia, mas o que é profeta?

E ela, paciente, respondeu:

—Profeta é aquele que prediz o futuro. É médium. Os médiuns da antiguidade eram chamados profetas. Os profetas do Antigo Testamento eram todos médiuns, recebiam instruções do Alto para a educação do povo, aconselhavam o bem, reprovavam os maus costumes do povo e prediziam o futuro das nações e dos reis.

— Poderia dizer-nos os seus nomes?

Sim, Eneida, com prazer. Muitos dos servidores de Deus receberam o qualificativo de profeta e bem o mereceram, inclusive Moisés e Elias. Mas aqueles, comumente assim chamados, foram os seguintes: Isaías, Jeremias, Ezequiel, Daniel, Oseias, Joel, Amós, Obadias, Jonas, Miqueias, Naum, Habacuque, Sofonias, Ageu, Zacarias e Malaquias.

"Dentre essas 16 personagens, destacam-se quatro, não porque os demais fossem inferiores a eles, mas porque os seus livros são maiores e mais completos, e por isso são eles chamados 'os quatro profetas maiores'. Esses maiores são:

Isaías, Jeremias, Ezequiel e Daniel. Todos eles, porém, serviram a Deus e ao povo com abnegação e também à história nacional do povo de Israel.

"Agradecendo à minha amável tia a bela tarde que nos proporcionou com a sua peroração[9], a reunião foi encerrada, e ela convidou-nos, em seguida, para nos recrearmos no jardim, onde existem balanços pendurados nas árvores para nos divertirem e várias mesinhas onde fizemos a merenda da tarde sob os cuidados amorosos de nossa querida vovó, tão velhinha e tão linda com aqueles veneráveis cabelos brancos..."

\* \* \*

*Espíritas! amai-vos, este o primeiro ensinamento; instruí--vos, este o segundo. No Cristianismo encontram-se todas as verdades; são de origem humana os erros que neles se enraizaram.* (KARDEC, Allan. *O evangelho segundo o espiritismo.* Comunicação do Espírito de Verdade — Cap. VI, it. 5).

---

[9] N.E.: Discurso breve.

# 8

# Durante o recreio

### Conversa inteligente

Saímos, pois, para o grande jardim da nossa querida granja e começamos a nos divertir nos balanços pendurados nas árvores, enquanto outros jogavam bola, cantavam ou conversavam. Estava uma tarde quente de janeiro. Mas no campo há exuberância de vegetação e por isso uma aragem constante refrescava o ar, tornando agradável a temperatura.

Depois de cerca de uma hora de agradável recreação, sentimo-nos cansados e nos sentamos no chão de relva, nos bancos e nas pedrinhas brancas que tapetavam as ruazinhas do jardim, dispostos a conversar um pouco mais. Subitamente a prima Lilásea exclamou:

— Isabela, minha querida, fala-nos mais do amado Mestre, para encerrarmos a tarde de ouro... Sinto-me feliz e reconfortada ao ouvir ou ler trechos de sua vida.

— Sim, conta-nos outra parábola. A senhora disse que Lucas é o evangelista das parábolas do Senhor, tantas, tão belas e instrutivas são as que ele narrou em seu Evangelho — lembrou Manoelzinho.

— Ou então fala-nos das curas que o Mestre fez... Eu gostaria de seguir passo a passo o nosso amado Jesus, através do livro da sua vida — adveio Ricardo Felício da Silva. Lembro-me de que foi em nome de Jesus que aquela médium, a Míriam, curou a paralisia das minhas pernas.

— Ah! — interveio Carlos — por que não nos fala também dos apóstolos? A verdade é que pouco sabemos sobre eles.

Titia riu-se de nossa ansiedade, pois falávamos todos a um mesmo tempo. Em seguida respondeu:

— Sim, sim! Havemos de tratar de tudo isso. Mas não podemos falar de assuntos tão nobres e tão profundos de uma só vez. Havemos de programar os temas e conversar sobre eles parceladamente... um por um.

— E os apóstolos, como se sentiram eles depois dos notáveis acontecimentos da ressurreição? Como se portaram sem a presença do Mestre?

Era uma pergunta de Luís Antônio, o mais velho do grupo, juntamente com a prima Lilásea e Leila Barbosa.

Não sei se por deferência a ele, o mais amadurecido dentre nós, ou se achasse mais oportuna a pergunta para o momento, o que sei é que minha tia respondeu:

— Bem... Uma vez desaparecido o Mestre, não havia remédio senão os apóstolos aceitarem a situação, conformando-se com a ausência daquele que lhes era tão caro. Certos, porém, de que o Mestre continuava existindo na vida espiritual, seus discípulos e apóstolos se reanimaram diante das muitas provas que Ele lhes dera da imortalidade.

## As Três Revelações

Deixaram tudo e puseram mãos à obra, cheios de fé e coragem, trabalhando nos serviços missionários que lhes foram recomendados pelo próprio Mestre.

— E que serviços eram esses?

— Os mesmos que Jesus ensinara e exemplificara: ensinar ao povo a Doutrina que ele expusera; curar os doentes — cegos, paralíticos, surdos, mudos, loucos, ou antes, obsidiados, os quais, naquele tempo, eram denominados "endemoninhados", e muitas outras espécies de doenças, inclusive a lepra; consolar os tristes e sofredores, orientar os fracos, socorrer os pobres, aconselhar os desorientados e indecisos, enfim, praticar todo o bem possível para com o próximo, tal como o Senhor lhes recomendara que o fizessem. Para isso, viajaram muito, muito sofreram e tudo sacrificaram no cumprimento desse dever sagrado, até mesmo a vida, pois, à exceção do evangelista João, todos os apóstolos e numerosos discípulos de Jesus foram sacrificados pelos perseguidores da sua Doutrina.

"A história do Cristianismo, meus caros amiguinhos, isto é, a história das lutas pela difusão da Doutrina do Cristo de Deus é bela, comovente a repleta de abnegação e heroísmo de parte dos seguidores do Mestre Jesus. Muito breve vocês hão de conhecê-la em toda a sua grandeza, se forem dados ao estudo, e estou certa de que grande respeito e admiração hão de sentir por aqueles cristãos dos primeiros tempos, os quais não temeram nem mesmo a morte sob os dentes das feras a fim de cumprirem a tarefa de espalhar a Doutrina de Jesus e os exemplos por ele deixados à humanidade".

— Conte, então, titia, qualquer feito dos apóstolos, depois que Jesus voltou para junto de Deus, no mundo celeste em que habita — pedi eu.

Minha tia Isabela silenciou durante alguns segundos e a seguir disse:

— Está bem, conversaremos então sobre a primeira cura que os apóstolos Pedro e João realizaram após a volta de Jesus ao seio de nosso Pai Eterno.

Então, ouvimos em silêncio o que ela disse.

## O paralítico da Porta Formosa

— No tempo de Jesus, havia em Jerusalém um templo suntuoso, onde os judeus, ou israelitas, faziam o seu culto religioso ao Deus único e todo-poderoso, isto é, ao nosso mesmo Deus a quem amamos e cultuamos em nossos corações.

"Nesse templo, os judeus, inclusive o próprio Jesus, seus apóstolos e seus discípulos iam orar e estudar as Escrituras sagradas e ensiná-las aos ouvintes que ali comparecessem, exatamente como hoje nós, os adeptos do Espiritismo, fazemos em nossos Centros Espíritas, que também são templos.

"A diferença existente é que os judeus interpretavam e ensinavam as Escrituras antigas, o Velho Testamento, e as leis organizadas pelos seus sacerdotes e doutores, uma espécie de programa de ensino a fim de dirigir o povo, enquanto nós estudamos de preferência o *Evangelho*, ou Novo Testamento, o Cristianismo, enfim, e também os códigos espíritas, ou Doutrina dos Espíritos, embora frequentemente recorramos ao Velho Testamento como fonte de informações preciosas, principalmente aos livros dos profetas, os quais são também códigos de moral e da história do povo de Israel.

"O Templo de Jerusalém era muito amado pelos judeus, que o respeitavam e se orgulhavam dele. Fora construído pelo grande rei Salomão, de Israel, mas destruído pelos babilônios; quando estes invadiram Israel, arrasaram suas cidades e escravizaram o povo, levando-o para a Babilônia, a sua capital. Muitos anos depois fora reconstruído, em parte, pelos próprios judeus, depois da libertação do cativeiro, libertação essa levada a efeito pelo grande rei Ciro, da Pérsia, o qual, por sua vez, dominou e escravizou a Babilônia. Nos tempos do rei Herodes, de Israel, foi o templo reconstruído e aumentado por este mesmo rei com mais suntuosidade, levando muitos anos a fim de terminar a sua obra. No tempo de Jesus, o templo já estava pronto e todo o povo o frequentava com verdadeiro amor religioso.[10]

"Mas era destino desse templo ser destruído mesmo. No ano 70 desta nossa Era Cristã, o Templo de Jerusalém foi novamente destruído, arrasado, sem ficar "pedra sobre pedra", como profetizou o próprio Jesus — (MATEUS, 24:1 e 2; MARCOS, 13: 1 e 2; LUCAS, 21: 5 a 9), e foi arrasado pelo general romano Tito Vespasiano, filho do Imperador Vespasiano, de Roma, o qual atacou a cidade com os soldados das legiões sob seu comando, pois não esqueçamos que Jerusalém, capital da antiga província da Judeia, era governada por leis romanas, como toda a Judeia o era, visto que se tratava de uma nação conquistada pelo Império Romano. Apenas os alicerces de uma parte do templo, construídos para um aterro, não foram destruídos. Existem até hoje essas imensas muralhas, as quais são visitadas por turistas do mundo inteiro e pelos próprios judeus que, diante delas, choram ajoelhados e oram cheios de amor e fé pela sua religião. Por isso as mesmas muralhas hoje são chamadas Muro das Lamentações.

"O templo nunca mais pôde ser reconstruído, embora suas muralhas permaneçam intactas e fortes, como uma recordação indestrutível de um fato acontecido há quase dois milênios!

"Ora, o Templo de Jerusalém era rico, suntuoso, ornamentado a ouro e mil coisas de imenso valor e arte requintada. Possuía várias portas

---

[10] Nota da autora: Ver a descrição desse episódio em *Daniel*, no Velho Testamento.

de entrada e saída e cada uma tinha um nome. Uma delas era chamada Porta Formosa (ou Especiosa, conforme o tradutor). Nessas portas, os doentes pobres, mendigos etc. se postavam para pedir esmolas, e quem entrava para assistir às cerimônias religiosas atirava-lhes moedas, como em nossos dias vemos acontecer nas partes das igrejas e até nas portas dos Centros Espíritas, principalmente nas grandes cidades.

"Na Porta Formosa, desde muitos anos antes, ficava sentado um pobre, aleijado das pernas desde quando era menino. Ele nascera assim, coxo, estropiado, isto é, tinha os pés e as pernas tortas e paralíticas, e só se podia mover arrastando-se entre duas muletas. Todos os fiéis que frequentavam o templo conheciam esse homem e lhe davam esmolas.

"Logo depois do desaparecimento de Jesus da face da Terra, um dia, justamente às três horas da tarde, os apóstolos Pedro e João se dirigiam ao templo, subindo pelas escadas da Porta Formosa. Quando se aproximavam do paralítico, que ali se achava desde cedo, o pobre homem esticou a mão e suplicou tristemente:

— Senhor, tem compaixão deste pobre que te pede uma esmola...

Os dois homens pararam diante dele e Pedro, fitando-o, juntamente com João, disse:

— Olha para nós!

Ele os olhava atentamente, esperando receber alguma coisa. Pedro, porém, lhe disse:

— Não temos prata nem ouro, e por isso não te daremos uma esmola, mas o que temos, isso te daremos: Em nome de Jesus Cristo, o Nazareno, levanta-te e anda!

E tomando-o pela mão direita levantou-o; imediatamente os seus pés e artelhos se firmaram; de um salto se pôs em pé, passou a andar e entrou com eles no templo, saltando e louvando a Deus.

Viu-o todo o povo a andar e louvar a Deus. E reconheceram ser ele o mesmo que esmolava, assentado à Porta Formosa do templo; e todos se enchiam de admiração pelo que lhe acontecera.

Tia Isabela deteve-se um instante e prosseguiu:

— O episódio que acabei de citar encontra-se no 5º livro do Novo Testamento de Nosso Senhor Jesus Cristo, denominado *Atos dos apóstolos*, 3:1 a 10. Esse livro é de autoria do evangelista Lucas, segundo os historiadores e a revelação dos Espíritos guias que nos instruem e protegem, e conta a ação, o trabalho dos apóstolos para divulgarem a Doutrina de Jesus depois do seu desaparecimento deste mundo e também os sacrifícios a que se submeteram para cumprir a sua missão.

— Titia, os apóstolos Pedro e João disseram que não possuíam ouro nem prata e por isso não podiam dar uma esmola ao paralítico, mas que davam outra coisa que possuíam. Que coisa era essa? — indagou Chiquinho, que era muito infantil, apesar dos seus 12 anos de idade.

Titia sorriu e respondeu:

— O que eles tinham para dar era a virtude espiritual de curar doenças, poder esse que lhes fora transmitido pelo próprio Jesus, a fim de que com ele distribuíssem a caridade com os sofredores. Eles eram médiuns e, amparados pelo próprio Mestre, faziam as curas que fossem necessárias, e assim também curaram cegos, surdos, paralíticos etc. Os médiuns espíritas também têm curado muitas e muitas doenças e obsessões, quando possuem esse mesmo dom e são dedicados ao bem e amparados pelos Espíritos, pois muitos dos nossos médiuns também receberam do próprio Jesus a graça de poderem curar doenças em seu nome. E tudo fazem gratuitamente, sem nada cobrar nem receber presentes, tal como Jesus e seus apóstolos o faziam. Se os médiuns cobrarem pelos benefícios que fazem aos outros e pelos demais serviços pertencentes à Doutrina Espírita, perderão o poder que o Senhor lhes concedeu, pois ele recomendou a todos que seguem os seus ensinamentos: "Curai os enfermos, ressuscitai os mortos, purificai os leprosos, expeli os demônios; dai de graça o que de graça recebestes" (MATEUS, 10:8 e 9).

"Ora, Jesus nada cobrara dos apóstolos quando lhes concedera o dom de curar; os médiuns espíritas nada pagaram a Jesus nem aos seus guias espirituais ao receberem a mediunidade, por isso os apóstolos nada cobravam pelas curas que faziam e os médiuns também nada devem cobrar (Ver KARDEC, Allan. *O evangelho segundo o espiritismo*, cap. XXVI)".

Ouvindo o que titia dizia, Ricardinho Felício começou a chorar, cobrindo o rosto com as mãos. Todos nos comovemos com o fato e procuramos consolá-lo. Titia perguntou ansiosa:

— Porque está chorando, Ricardinho, o que houve?

Mas a custo ele respondeu:

— Eu também era paralítico e a médium Míriam curou-me da paralisia em nome de Jesus Cristo, o Nazareno, tal como Pedro e João curaram o paralítico da Porta Formosa. Eu choro de alegria e reconhecimento a Jesus...

Escurecia quando entramos em casa para o jantar. Enquanto subíamos as escadas, minha tia Isabela acrescentava:

— Todos aqueles que amam a Deus, respeitam o próximo e praticam o bem podem possuir o sublime dom de curar enfermos que os apóstolos de Jesus possuíam e ao qual honraram com dedicação e abnegação ilimitadas. Agora, meus amigos, vejam se podem escrever uma página sobre a cura do paralítico da Porta Formosa. Escrevam com as suas próprias palavras, mas tendo o cuidado de citar com fidelidade o que se passou no momento da cura.

E eu, por minha vez, escrevi esta para o meu álbum....

\* \* \*

*Procure, pois, aquele que carece do que viver recursos em qualquer parte, menos na mediunidade; não lhe consagre, se assim for preciso, senão o tempo de que materialmente possa dispor. Os Espíritos lhe levarão em conta o devotamento e os sacrifícios, ao passo que se afastam dos que esperam fazer deles uma escada por onde subam.* (KARDEC, Allan. *O evangelho segundo o espiritismo.* Cap. XXVI, it. 10).

# 9

# UMA LINDA PARÁBOLA

## NOVOS ENSINOS

Outras conversações assim interessantes se realizaram entre a jovem Isabela, seus sobrinhos e os amigos destes, e pontos importantes dos Evangelhos foram examinados e prudentemente esclarecidos durante os passeios pelos campos, ou à beira-mar, ou, ainda, em doces reuniões familiares, no próprio lar. Muitas parábolas foram explicadas nessas ocasiões, não só aos adolescentes, mas também aos adultos que não as conheciam, pois nem todas as pessoas têm possibilidades de se dedicar aos estudos intensos desses assuntos profundos, seja por falta de tempo (porque, com efeito, eles requerem grandes meditações e muita tranquilidade), seja por qualquer outra razão. Assim, as conversações entre os habitantes da Granja Feliz e seus amigos, que frequentemente os visitavam, se encaminhavam sempre para um nobre assunto evangélico e espírita, o que resultou num, por assim dizer, curso dessas matérias, suavemente ministrado. Durante essas ocasiões foram expostas e discutidas várias parábolas, tais como *O filho pródigo*, *As dez virgens*,

*Lázaro e o rico*, *A ovelha perdida* e tantas outras mais, cada qual mais bela e significativa, todas elas verdadeiramente instrutivas e indispensáveis ao bom conhecimento do espírita-cristão sobre as coisas de Deus e até mesmo sobre a vida diária de cada um de nós, pois em nossa vida prática, diariamente, encontramos pontos evangélicos ao vivo, como reproduções que atestam a lógica das parábolas evangélicas.

Vejamos, porém, o que Eneida escrevia em seu álbum a respeito desses ensinos:

> Como nossas férias estão prestes a se findar e ainda necessitamos de algumas instruções sobre a Doutrina dos Espíritos, ontem pedimos ao nosso amado avô, já restabelecido da gripe que o acometeu por alguns dias, dissesse algo sobre a parábola *O filho pródigo*. Eu simpatizava com esse título, mas não sabia bem o que queria dizer "pródigo". Procurei então nas páginas do meu dicionário a verdadeira significação desse vocabulário. E li: Pródigo, adj. — Que despende com excesso; generoso; dissipador; esbanjador; s. m. — indivíduo pródigo.
>
> E nessa mesma tarde eu disse ao meu avô:
>
> — Hoje é dia do nosso culto no lar, meu querido avô. Peço-lhe, se for possível, falar sobre a parábola do filho pródigo, para nossa instrução. Simpatizei com o título e gostaria de conhecer esse ensinamento do nosso amado Mestre.
>
> Eu sabia que meu avô dilatava, quanto possível, tais ensinamentos durante as reuniões do Culto do Evangelho no Lar, dando liberdade aos ouvintes jovens, e também aos adultos, de perguntar e expandir os próprios pensamentos, os quais eram examinados, aprovados ou corrigidos, o que muito interessantes e agradáveis tornava as reuniões. Ansiosa, esperei, e às três horas da tarde, como de hábito, iniciou-se a reunião.

## O FILHO PRÓDIGO

Após a prece inicial meu avô disse:

— Sim, meus caros amigos e irmãos, as parábolas de Jesus, contidas nos Evangelhos, são grandiosas lições para nós. Quem de nós, lendo *O filho pródigo*, não se reconhece nela? Pois a humanidade toda não é um filho pródigo, isto é, um rebelde infrator das Leis do Pai Eterno, um dissoluto que erra, sofre, arrepende-se e, depois de muito padecer, volta à casa paterna, ou seja, procura Deus, disposto a observar os ditames da Lei divina e tornar-se homem regenerado e honesto? Vamos, pois, ler a nossa própria história nesta página do evangelista Lucas, no seu capítulo 15, versículos 11 a 32, uma bela narração, digna de ser desenvolvida em um romance da vida real, como em verdade já o foi.[11]

Apresentarei a leitura desse ensinamento no próprio Evangelho, pois temos todos a necessidade de nos familiarizar com esse livro o mais possível, porque somos chamados aos serviços do Mestre e precisamos conhecer todos os seus passos. Vejamos, pois, *O filho pródigo*, uma das muitas parábolas que Jesus contou aos seus ouvintes:

Certo homem tinha dois filhos. O mais moço deles disse ao pai:

— Pai, dá-me a parte que me cabe dos vossos bens.

E o pai lhe repartiu os haveres. Passados não muitos dias, o filho mais moço, ajuntando tudo o que era seu, partiu para uma terra distante e lá dissipou todos os seus bens, vivendo dissolutamente.

Depois de ter consumido tudo, sobreveio àquele país uma grande fome, e ele começou a passar necessidades. Então ele foi e se agregou a um dos cidadãos daquela terra, e este o mandou para os seus campos a apascentar

---
[11] Nota da autora: *Amor e ódio*, do escritor espiritual Charles.

porcos. Ali desejava ele fartar-se das alfarrobas que os porcos comiam, mas ninguém lhe dava nada. Então, caindo em si, ele disse:

— Quantos trabalhadores de meu pai têm pão com fartura, e eu aqui morro de fome! Levantar-me-ei e irei ter com meu pai e lhe direi: Pai, pequei contra o Céu e diante de ti; já não sou digno de ser chamado teu filho; trata-me como um dos teus trabalhadores.

E, levantado-se, foi para seu pai. Vinha ele ainda longe quando seu pai o avistou e, compadecendo-se dele, correndo, o abraçou e beijou.

E o filho lhe disse:

— Pai, pequei contra o Céu e diante de ti; já não sou digno de ser chamado teu filho.

O pai, porém, disse aos seus servos:

— Trazei depressa a melhor roupa; vesti-o, ponde-lhe um anel no dedo e sandálias nos pés; trazei também e matai o novilho cevado. Comamos e regozijemo-nos, porque este meu filho estava morto e reviveu, estava perdido e foi achado.

E começaram a regozijar-se.

Ora, o filho mais velho estivera no campo e, quando voltava, ao aproximar-se da casa, ouviu as músicas e as danças. Chamou um dos criados e perguntou-lhe o que era aquilo.

E o criado informou:

— Veio teu irmão, e teu pai mandou matar o novilho cevado, porque o recuperou com saúde.

Ele então se indignou e não queria entrar; saindo, porém, o pai procurava conciliá-lo. Mas ele respondeu a seu pai:

— Há tantos anos que sirvo sem jamais transgredir uma ordem tua, e nunca me deste um cabrito sequer para alegrar-me com os meus amigos; vindo, porém, esse teu filho, que dispersou os teus bens com orgias, tu mandaste matar para ele o novilho cevado.

Então lhe respondeu o pai:

— Meu filho, tu sempre estás comigo, tudo o que é meu é teu. Entretanto, era preciso que nos regozijássemos e nos alegrássemos, porque esse teu irmão estava morto e reviveu, estava perdido e foi achado.

\* \* \*

Vovô fechou o livro e rematou a exposição citada por Lucas com o seguinte comentário:

— Meus prezados ouvintes! Temos de compreender que esse bom e misericordioso pai de família, que perdoou o filho ingrato que o abandonou, abandonando também a casa paterna, esse pai é Deus! O filho pródigo, que usou do seu livre-arbítrio mal orientado, perdido no mundo pelos erros e as paixões de todo gênero, somos nós, que, através de várias existências terrenas, vivemos contrariando as Leis do Pai, engolfados nos prazeres e ilusões deste mundo. Mas os erros que cometemos cedo ou tarde acarretarão consequências desastrosas para nós próprios, porque são ações contrárias às Leis de Deus, isto é, às leis do bem, da moral, do dever, da justiça, etc. Em consequência desses mesmos erros, começamos a sofrer situações sempre mais difíceis. Com o sofrimento vem o arrependimento, e o sofrimento cresce mais, porque uma alma arrependida é uma alma em suplícios dolorosos. Até que, já sem forças para sofrer, procuramos voltar nossos corações para Deus, rogamos seu perdão e nos dispomos à obediência e à submissão às suas Leis. Então, estaremos regenerados e seremos pessoas honestas e felizes, porque observadoras do bem e do dever.

"Deus jamais nos condena eternamente e sempre pronto estará a nos receber com amor e alegria, desde que o procuremos arrependidos dos nossos erros e dispostos à regeneração, tal como o pai de família da parábola. Todos nós, pois, encarnamos o filho desobediente da bela alegoria citada por Jesus. Em nossas existências passadas, cometemos muitos e muitos erros, talvez mesmo crimes; muito já sofremos em consequência disso, estamos sofrendo ainda, pois neste mundo ninguém é verdadeiramente feliz; mas já estamos arrependidos, já procuramos Deus, dispostos a nos emendar. E nosso Pai celestial nos recebe com generosidade, aceita nosso arrependimento e nos permite até mesmo a presença de seus mensageiros a fim de consolar nossos desgostos e nos instruir — esses Espíritos protetores que nos concedem mensagens e conselhos educativos tão lindos e comovedores, que a Doutrina dos Espíritos nos apresenta.

"Quanto ao filho mais velho da parábola, que se indignou porque o pai de família recebeu e perdoou o filho estroina que voltou arrependido, ele representa as pessoas falsamente virtuosas, os egoístas, de coração duro, que nunca, em verdade, cometeram crimes ou pecados graves, mas que são incapazes de um gesto afetuoso para com o próximo, incapazes de perdoar e relevar uma falta de outrem; os que se julgam modelos de honestidade e virtudes, mas desprezam os infelizes que erraram, sendo incapazes de ajudá-los a se reabilitarem.

"Um grande espírita do Brasil, já desencarnado, grande educador à base do Evangelho, o senhor Pedro de Camargo, que usava o pseudônimo de Vinícius para assinar as lições que escrevia, dizia, em seu belo livro *Nas pegadas do Mestre*, que é preferível ser o filho pródigo a ser o filho egoísta, pois o pródigo errou, é bem verdade, mas arrependeu-se e sofreu, ao passo que o outro era um falso virtuoso, incapaz de uma ação nobre, conquanto fosse trabalhador e honesto.

"Assim sendo, meus queridos ouvintes, que esta importante parábola do Mestre se decalque para sempre em vossos corações. Não devemos ser dissolutos como o filho mais moço; mas também não devemos ser rudes de coração, incapazes de um auxílio àquele que deseja reabilitar-se para Deus. O que devemos é ser submissos às Leis do Eterno

As Três Revelações

Pai, seguindo sempre os conselhos daquele Mestre que é o Caminho, a Verdade e a Vida, que nos conduz a Deus — Jesus Cristo".

Vovô aconselhou-nos a escrever essa parábola com as nossas próprias palavras, pois, segundo ele, esse é um excelente ensaio para, quando nos tornarmos adultos, podermos servir, escrevendo, à nossa amada Doutrina do Consolador. Eu, como sempre, obedeci e consegui mais uma página para o meu álbum...

\* \* \*

*Digo-vos, em verdade, que assim haverá mais júbilo no Céu por um pecador que se arrepende de que por noventa e nove justos que não necessitam de arrependimento.* (LUCAS, 15: 3 a 7).

# 10

## ÚLTIMAS PÁGINAS

### Aproveitamento

Parece que muito aproveitável, portanto, foi a nossa permanência, durante as férias, na Granja Feliz, residência de meus avós — continuou Eneida no dia seguinte, escrevendo no álbum que preparava com grande entusiasmo e carinho.

Sim, progredimos no estudo do Evangelho de Jesus, conhecemos já vários passos da sua vida, aprendemos até a procurar e encontrar, no Novo Testamento, que nos era apresentado a fim de que tivéssemos noção da sua feitura, os capítulos e os versículos necessários ao nosso aprendizado. E levaremos agora, para casa, o nosso álbum com pequena coleção de frases (versículos), sentenças, advertências, instruções conselheiras pronunciadas pelo divino Mestre, as quais gostamos de repetir, felizes, porque repetimos as mesmas frases e pensamentos que Ele próprio pensara e dissera.

Temos, então, noção do que é a segunda revelação de Deus aos homens: o Cristianismo, a Doutrina de Jesus. Doce entusiasmo se expande dos nossos corações. Parece que, através daquele doce estudo nas reuniões do lar, com meus avós e minha tia sempre gentil com todos nós, fomos apresentados ao amado Mestre, que agora nos conhece e nos estende a mão protetora, convidando-nos a caminhar para Ele, a fim de nos reeducarmos sob a sua tutela. Sentimo-nos como pequenos discípulos seus, com os quais Ele conta para os serviços futuros dos seus campos de ação sobre a Terra, e um grande desejo de prosseguir embala nossas vontades ainda titubeantes, ao mesmo tempo que um respeitoso temor nos visita o coração, advertindo-nos da grande responsabilidade que nos espera no futuro. E segredamos uns aos outros, corajosamente: conhecemos já muita coisa sobre duas revelações de Deus aos homens. Agora, precisamos partir em busca da terceira, que sabemos tratar-se daquele *Consolador* prometido por Jesus, de que fala o capítulo 14, versículos 15, 16, 17 e 26, de João:

— Se me amais, guardai os meus mandamentos; e eu rogarei a meu Pai e Ele vos enviará outro Consolador, a fim de que fique eternamente convosco, o Espírito da Verdade, que o mundo não pode receber, porque o não vê e absolutamente o não conhece. Mas, quanto a vós, conhecê-lo-eis, porque ficará convosco e estará em vós. Porém, o Consolador, que é o Santo Espírito, que meu Pai enviará em meu nome, vos ensinará todas as coisas e vos fará recordar tudo o que vos tenho dito.[12]

---

[12] Nota da autora: Preferimos transcrever aqui a versão do cap. 14, versículos 15 a 17 e 26, da tradução de *O evangelho segundo o espiritismo*, de Allan Kardec, cap. VI, item 3, e não a de João Ferreira de Almeida, de cuja tradução da Bíblia nos servimos para as demais citações que fizemos neste livro, uma vez que o principiante usará, certamente, aquele livro. Aliás, a diferença de uma para outra é mínima.

As Três Revelações

## A VOZ DO MESTRE

Ora, como despedida desse nosso pequeno aprendizado, tanto mais grato aos nossos corações quanto é certo que o fizemos por entre a doçura de um ambiente encantador e poético, rodeados de flores, de pássaros, de suaves brisas que subiam do oceano ou desciam das montanhas, e protegidos pelo amor de nossas famílias, quisemos levar uma lembrança material que nos recordasse esses dias tão felizes. Solicitamos, então, o auxílio de nossa querida Isabela, a fim de resolver o que faríamos que nos fosse grato e nos levasse a uma doce recordação. E ela respondeu:

— Meus amiguinhos! Vocês, certamente, dentro de mais alguns poucos anos, serão convocados por Jesus para os serviços da sua Doutrina e também para os serviços do Consolador por ele mesmo enviado à Terra. Tarefas definidas deverão ser realizadas por todos vocês — eu assim o espero — e ao chegar essa hora deverão todos estar preparados para assumir o compromisso... porque quando o Mestre nos convoca é que confia em nós e por isso não devemos rejeitar o convite. Assim sendo, todos vocês deverão ir-se habituando às lições do Mestre, ao seu modo de falar, aos conselhos que Ele dá, a conhecê-lo melhor, a conviver, enfim, com ele através dos Evangelhos e, também, com os seus apóstolos e evangelistas, com eles aprendendo os serviços a realizar. Opino, portanto, que façam um caprichado álbum que transcreva, do Evangelho, a voz de Jesus dando alguns ensinamentos e nomeando o apóstolo ou o evangelista que os anotou. Quando escrevemos uma coisa, gravamo-la melhor no coração, ou na mente. Vocês, pois, conservarão esses versículos no coração e, nas horas de meditação ou de tristeza, abram o álbum e releiam tudo. Estarão conversando com o amado Mestre, e vibrações dulcíssimas como que farão repercutir-lhes na consciência ou na alma aquela voz imortal que há dois mil anos vibra pelo mundo inteiro, chamando os homens para a redenção...

No mesmo dia pusemos mãos à obra, e eis o que fizemos:

## Do evangelista Mateus

*Vinde a mim todos vós que estais cansados e sobrecarregados, e eu vos aliviarei. Tomai sobre vós o meu jugo, e aprendei de mim, porque sou manso e humilde de coração; e achareis descanso para as vossas almas. Porque o meu jugo é suave e o meu peso é leve*[13] (11:28 a 30).

*Dá a quem te pede, e não voltes as costas ao que deseja que lhe emprestes* (5:42).

*Eu, porém, vos digo: amai os vossos inimigos e orai pelos que vos perseguem para que vos torneis filhos do vosso Pai celeste, porque Ele faz nascer o seu Sol sobre maus e bons e vir chuva sobre justos e injustos* (5:44 e 45).

*Portanto, sede vós perfeitos, como perfeito é o vosso Pai celeste* (5:48).

*Não acumuleis para vós outros tesouros da Terra, onde a traça e a ferrugem corroem e onde ladrões escavam e roubam, mas ajuntai para vós tesouros no céu, onde traça nem ferrugem corrói, e onde ladrões não escavam nem roubam; porque onde está o teu tesouro aí estará também o teu coração*[14] (6:19 a 21).

*Quando orares, entra no teu quarto e, fechada a porta, orarás a teu Pai em secreto; e teu Pai, que vê o que se passa em secreto, te dará a recompensa* (6:6).

*Se perdoardes aos homens as suas ofensas, também vosso Pai celeste vos perdoará; se, porém, não perdoardes aos homens as suas ofensas, tampouco vosso Pai vos perdoará as vossas ofensas* (6:14 e 15).

---

[13] Nota da autora: O jugo e o peso de Jesus são a prática do amor e da caridade.
[14] Nota da autora: Os tesouros que acumulamos no Céu são as virtudes que adquirimos, o trabalho do bem, o amor com que amamos a Deus e ao próximo.

*Nem todo o que me diz o Senhor! Senhor! entrará no reino dos céus, mas aquele que faz a vontade de meu Pai, que está nos Céus (7:21).*

*Assim, os últimos serão os primeiros, e os primeiros serão os últimos no reino dos céus, porque muitos são chamados, mas poucos escolhidos (20:16).*

*Onde estiverem dois ou três reunidos em meu nome, ali estou no meio deles (18:20).*

*E eis que estarei convosco todos os dias, até a consumação dos séculos (28:20).*

## Do evangelista Marcos

*Então lhe trouxeram algumas crianças para que as tocasse, mas os discípulos os repreendiam. Jesus, porém, vendo isso, indignou-se e disse-lhes: "Deixai vir a mim os pequeninos, não os embaraceis, porque dos tais é o reino de Deus. Em verdade vos digo: Quem não receber o reino de Deus como uma criança, de maneira nenhuma entrará nele." Então, tomando-as nos braços e impondo-lhes as mãos, as abençoava (10:13 a 16).*

*E quando estiverdes orando, se tendes alguma coisa contra alguém, perdoai, para que vosso Pai celestial vos perdoe as vossas ofensas (11:25).*

*Então, convocando a multidão e juntamente os seus discípulos, disse-lhes: "Se alguém quiser vir após mim, a si mesmo se negue, tome a sua cruz e siga-me"*[15] *(8:34).*

---

[15] Nota da autora: Negar a si mesmo é renunciar aos prazeres do mundo e voltar-se para os trabalhos do Mestre. Tomar a própria cruz é seguir Jesus, apesar de todos os sofrimentos que tenha ou que advenham futuramente.

*Que aproveita ao homem ganhar o mundo inteiro e perder a sua alma?*[16] (8:36)

## DO EVANGELISTA LUCAS

*A seguir, dirigiu-se Jesus a seus discípulos, dizendo: "por isso, eu vos advirto: não andeis ansiosos pela vossa vida, quanto ao que haveis de comer, nem pelo vosso corpo, quanto ao que haveis de vestir. Porque a vida é mais do que o alimento, e o corpo, mais do que as vestes"* (12:22 a 23).

*Haverá maior júbilo no Céu por um pecador que se arrepende do que por noventa e nove justos que não necessitam de arrependimento* (15:7).

*Acautelai-vos! Se teu irmão pecar contra ti, repreende-o; se ele se arrepender, perdoa-lhe. Se por sete vezes por dia pecar contra ti e sete vezes vier ter contigo, dizendo, estou arrependido, perdoa-lhe* (17:3 e 4).

*Assim também vós, depois de haverdes feito quanto vos foi ordenado, dizei: "Somos servos inúteis, porque fizemos o que devíamos fazer"* (17:10).

*É na vossa perseverança que ganhareis as vossas almas* (21:19).

*Mas vós não sois assim, pelo contrário, o maior entre vós que seja como o menor; e aquele que dirige seja como o que serve* (22:26).

*Pois qual é maior: quem está à mesa ou quem serve? Porventura não é quem está à mesa? Pois, no meio de vós, eu sou como quem serve* (22:27).

---

[16] Nota da autora: Alusão às pessoas que vivem só para as riquezas e os gozos do mundo e, depois, desencarnadas, vêm a sofrer as dolorosas consequências das próprias displicências.

*O filho do homem veio buscar e salvar o que estava perdido*[17] (19:10).

*As raposas têm seus covis e as aves do céu, ninhos; mas o Filho do Homem não tem onde reclinar a cabeça* (9:58).

*A seara é grande, mas os trabalhadores são poucos. Rogai, pois, ao Senhor da seara que mande trabalhadores para a sua seara* (10:2).

*Ao entrardes numa casa, dizei antes de tudo: "Paz seja nesta casa". Se houver ali um filho da paz, repousará sobre ele a vossa paz; se não houver, ela voltará sobre vós* (10:5 e 6).

## Do evangelista João

*Eu sou o caminho, e a verdade, e a vida, ninguém vem ao Pai senão por mim* (14:6).

*Nisto conhecerão todos que sois meus discípulos, se tiverdes amor uns aos outros* (13:35).

*Se guardardes os meus mandamentos, permanecereis no meu amor; assim como também eu tenho guardado os mandamentos de meu Pai, e no seu amor permaneço* (15:10).

*Eu sou o bom pastor. O pastor dá a vida pelas suas ovelhas* (10:11).

*Eu sou o bom pastor; conheço as minhas ovelhas, e elas me conhecem a mim* (10:14).

---

[17] Nota da autora: O Filho do Homem é o próprio Jesus. Ele assim se nomeava. Ver "Zaqueu, o publicano", Lucas, 19:1 a 10.

*Nisto é glorificado meu Pai, em que deis muito fruto; e assim vos tornareis meus discípulos* (15:8).

*Como o Pai me amou, também eu vos amei; permanecei no meu amor* (15:9).

*Ninguém tem mais amor do que este: de dar alguém a própria vida em favor dos seus amigos* (15:13).

*Vós sois meus amigos, se fazeis o que eu vos mando* (15:14).

*O meu mandamento é este: que vos ameis uns aos outros, assim como eu vos amei* (15:12).

*Já não vos chamo servos, porque o servo não sabe o que faz o seu Senhor; mas tenho-vos chamado amigos, porque tudo quanto ouvi de meu Pai vos tenho dado a conhecer* (15:15).

*Isto vos mando, que vos ameis uns aos outros* (15:17).

*Quem não me ama, não guarda as minhas palavras; e a palavra que estais ouvindo não é minha, mas do Pai que me enviou. Isto vos tenho dito estando ainda convosco* (14:24 e 25).

*Não vos deixarei órfãos, voltarei para vós outros* (14:18).

*Aquele que tem os meus mandamentos e os guarda, esse é o que me ama; e aquele que ama, será amado por meu Pai, e eu também o amarei e me manifestarei a ele* (14:21).

*Se o mundo vos odeia, sabei que, primeiro do que a vós outros, me odiou a mim* (15:18).

## As Três Revelações

*Deixo-vos a paz, a minha paz vos dou; não vo-la dou como a dá o mundo. Não se turbe o vosso coração, nem se atemorize* (14:27).

\* \* \*

E assim terminava o diário sobre as lições de Evangelho que Eneida fizera como lembrança dos dias suaves passados na Granja Feliz...

# Terceira Parte

## A Terceira Revelação

## 1

# A Doutrina dos Espíritos

### O Codificador

As grandes vozes do Céu ressoam como sons de trombetas, e os cânticos dos anjos se lhes associam. Nós vos convidamos, a vós homens, para o divino concerto. Tomai da lira, fazei uníssonas vossas vozes, e que, num hino sagrado, elas se estendam e repercutam de um extremo a outro do universo. (KARDEC, Allan. *O evangelho segundo o espiritismo*. Prefácio. Comunicação do Espírito de Verdade.)

\* \* \*

Aproximava-se a data da partida dos jovens visitantes da Granja Feliz para o retorno ao lar. Ficara decidido, então, que o esboço de um aprendizado elementar sobre a Terceira Revelação, a título de incentivo àqueles gentis ouvintes, não se fizesse mais tão só nos dias consagrados ao Culto do Evangelho no Lar, mas diariamente, em hora determinada, durante reuniões informais, conquanto sérias e respeitáveis. O expositor, que seria ainda o dono da casa, Dr. Arnaldo Vasconcelos, dizia o seguinte, da primeira vez em que se reuniram, enquanto Eneida e Carlos se encarregavam do gravador a fim de captar-lhe a palavra e assim, mais tarde, ouvindo de vez em quando as lições expostas, poderem, com vagar, analisá-las:

— Vimos que Jesus havia prevenido aos seus discípulos que, em ocasião oportuna, enviaria ao mundo outro Consolador. Poderemos ver no Evangelho do apóstolo João essa importante promessa do amado Mestre. Estamos lembrados de que Jesus afirmou que o Consolador ensinaria todas as coisas e lembraria tudo quanto Ele próprio já havia dito. Essa alentadora promessa, como vocês sabem, foi registrada pelo mesmo evangelista João no capítulo 14 do seu Evangelho, versículos 15 a 17 e 26.

"Passou-se, no entanto, o tempo. Dezenove séculos depois de Jesus haver feito essa promessa, justamente no dia 3 de outubro de 1804, nascia na cidade de Lyon, na França, aquele que seria o missionário para dirigir e chefiar os trabalhos de reunir em códigos, ou livros de instrução, os ensinamentos da Doutrina Espírita revelada do Além, e que seria o Consolador prometido por Jesus, ou a Terceira Revelação de Deus aos homens.

"Esse missionário chamou-se Hipollyte Léon Denizard Rivail. Mais tarde, no entanto, adotou o pseudônimo de Allan Kardec e foi com esse pseudônimo que assinou todos os livros que constituem as revelações e os ensinamentos do Consolador, o qual outro não é senão a Doutrina dos Espíritos, ou a Doutrina Espírita.

"Uma luminosa falange de Espíritos superiores baixou à Terra a fim de revelar essa Doutrina aos homens, em nome de Jesus, através de numerosos médiuns, como outrora os Dez Mandamentos foram revelados através da mediunidade do profeta hebreu Moisés.

"Assim sendo, o eminente missionário de Jesus — Allan Kardec — reuniu em sete magníficos volumes os ensinamentos ditados pelos

As Três Revelações

Espíritos superiores através de médiuns desconhecidos uns dos outros, e apresentou ao mundo a Terceira Revelação de Deus aos homens. Por isso mesmo, o primeiro livro dessa coleção recebeu o nome de *O livro dos espíritos*, visto que foram os Espíritos que o escreveram. Allan Kardec apenas reuniu em códigos os assuntos revelados, e por isso ele é chamado o codificador do Espiritismo.

"A Revelação dos Espíritos é uma Doutrina divina, tal como os Dez Mandamentos (ou Decálogo) e o Cristianismo, e por essa razão é imortal como as outras duas.

"Os livros da Codificação da Doutrina revelada pelos Espíritos são os seguintes:

1 – *O livro dos espíritos*;

2 – *O que é o espiritismo*;

3 – *O livro dos médiuns*;

4 – *O evangelho segundo o espiritismo*;

5 – *O céu e o inferno* ou a *Justiça de Deus segundo o espiritismo*;

6 – *A gênese, os milagres e as predições*;

7 – *Obras póstumas*.

"O último livro, porém, — *Obras póstumas* — publicado depois da desencarnação de Allan Kardec, pelos seus discípulos, contém apontamentos, instruções por ele mesmo deixados em seus papéis. Há também *A prece*, pequeno volume, muito útil aos iniciantes da Doutrina, organizado pela Federação Espírita Brasileira, extraído de *O evangelho segundo o espiritismo*, ou seja, contendo as preces existentes nesse volume.

"Allan Kardec, como ficou dito, tendo nascido a 3 de outubro de 1804, na cidade de Lyon, na França, desencarnou em Paris, capital do mesmo país, onde residia, a 31 de março de 1869, aos 65 anos de idade. Foi sepultado, primeiramente, no Cemitério de Montmartre, famoso bairro de Paris, e um ano depois seus despojos materiais foram transladados para o cemitério do Pére Lachaise, também em Paris, onde se encontra até hoje. Seu túmulo é grandemente visitado pelos espíritas franceses e do mundo inteiro, inclusive do Brasil, os quais ali depositam flores em homenagem à sua memória.

"No volume *Obras póstumas* encontra-se pequena biografia daquele que foi o benemérito codificador da Doutrina revelada pelos Espíritos — o Consolador prometido por Jesus. Sua memória é venerada pelos espíritas."

## A FALANGE BRILHANTE

"Nos Prolegômenos[18] de *O livro dos espíritos*, parágrafo 48 da 25. ed. (popular) da Federação Espírita Brasileira, há uma série de recomendações e advertências a Allan Kardec, assinadas pelos eminentes Espíritos que, sob a direção de Jesus, revelaram a Doutrina do Consolador prometido — a Doutrina Espírita.

"São os seguintes, entre outros:

"São João Evangelista,[19] Santo Agostinho,[20] São Vicente de Paulo,[21] São Luís,[22] o Espírito de Verdade, Sócrates, Platão, Fénelon, Franklin, Swendenborg.[23]

---

[18] Nota da autora: Exposição preliminar dos princípios gerais de uma ciência ou arte, prefácio longo; introdução geral de uma obra.
[19] Nota da autora: João, apóstolo de Jesus.
[20] Idem. Doutor da Igreja Cristã primitiva nos séculos IV e V.
[21] Idem. Século XVII, França.
[22] Idem. Luís IX de Poissy, rei da França, século XIII.
[23] Idem. Emmanuel Swedenborg, considerado o maior médium do mundo no séc. XVIII, sueco.

"Outras entidades iluminadas vieram ainda e igualmente trabalharam na formação daqueles códigos, entre outros Paulo, o apóstolo do Senhor (Paulo de Tarso), Erasto e ainda aquelas almas nobres e amorosas que assinam as belas mensagens existentes em *O evangelho segundo o espiritismo*, enfeixadas sob o título *Instruções dos Espíritos*.

"Mas vieram não somente esses dignos missionários do Senhor. Veio também uma multidão de Espíritos de várias categorias: sofredores, ignorantes, medíocres, zombeteiros, galhofeiros, mistificadores, obsessores, etc. Todos desejosos de falar e provocar entendimentos com os homens por qualquer forma que lhes fosse possível, provando que a morte não existe e revelando que, para além deste mundo, um outro mundo existe habitado pelos Espíritos, isto é, por aqueles que foram também homens e mulheres e morreram, passando, então, para outro plano da vida, o plano espiritual.

"Com essa categoria de Espíritos também podemos nos instruir muito sobre a vida no Além. Com eles, conhecemos as variadas situações daqueles que o habitam: se sofrem, se arrependem do mal praticado neste mundo, se trabalham pelo próprio progresso, se praticam o bem, se continuam amando aqueles que lhes foram queridos na Terra, se ainda odeiam os próprios inimigos, se comem, se bebem, se sentem frio, se sofrem punições, se são consolados por Espíritos mais adiantados do que eles, se são protegidos ou defendidos do mal, etc. Eles tudo contam quando se manifestam em sessões ou aos médiuns. Em particular, noticiam acontecimentos como se fossem repórteres de um jornal; choram, queixam, blasfemam, pedem o auxílio das nossas preces e voltam para agradecer, dizendo sempre que se aliviam dos próprios sofrimentos ou se alegram quando pensamos neles com simpatia e oramos a Deus em sua intenção. E assim obtemos conhecimentos sobre o que se passa no mundo invisível, dependendo da categoria dos médiuns a autenticidade do noticiário.

"Tais Espíritos são, portanto, também reveladores da vida espiritual e muito lhes devemos, pois através das suas comunicações com os médiuns, grandes aprendizados eles canalizaram em prol da instrução da humanidade, razão pela qual devemos amá-los muito e orar pelo progresso e a felicidade de todos. Não foram, portanto, os homens que provocaram os Espíritos para com eles falar, mas os Espíritos que ostensivamente provocaram os homens para com estes estabelecerem intercâmbio amistoso, revelando-lhes a vida Além-túmulo e favorecendo a todos a educação moral, social e religiosa, da qual tanto necessitamos.

"Uma vez estabelecidas as nossas relações com os Espíritos desencarnados, ficamos compreendendo que, em verdade, a morte não existe e que, portanto, não devemos desesperar quando algum dos nossos entes queridos desencarna. A Doutrina Espírita ensina e prova que, quando uma mãe, um pai, um filho ou um amigo desencarnam, não ficam perdidos para nós. Ao contrário, eles vivem, podem estar junto de nós, ver o que fazemos, guiar nossos passos para o bem, se possuem adiantamento moral e espiritual para isso; consolar as nossas dores e enxugar as nossas lágrimas. E, quando nós próprios desencarnarmos, poderemos encontrar nossos bem-amados e continuar a viver junto deles, se tivermos merecimentos para obter essa felicidade. Por isso mesmo a Doutrina Espírita é considerada o Consolador prometido por Jesus, porquanto, além de consolar os que sofrem, ela explica e restabelece todas as coisas que Jesus disse e foram esquecidas pelo tempo, além de ensinar outras coisas mais. Mas para que tudo isso consigamos, havemos de ter boa vontade para estudar, compreender e praticar essa Doutrina, em nós mesmos realizando uma renovação, ou seja, educando o nosso caráter e os nossos sentimentos de acordo com os ensinamentos contidos nela, isto é, nos seus códigos de instrução."

## Panorama da Doutrina Espírita

1 – A Doutrina Espírita relembra todas as Leis e os ensinamentos exposto por Jesus Cristo, os quais estavam já muito esquecidos pela humanidade.

2 – A Doutrina Espírita ensina todas as coisas, pois ela é, ao mesmo tempo, ciência, filosofia e moral religiosa, ou seja, encerra também os ensinamentos da moral superior existentes no Novo Testamento de Nosso Senhor Jesus Cristo.

3 – É uma Doutrina consoladora e regeneradora. As pessoas que a ela se dedicam fielmente regeneram-se dos próprios erros, pelo amor de Deus, e facilmente se tornam pessoas de bem, amigas do próximo e cumpridoras dos seus deveres. São consoladas dos amargores por que passam, pela esperança na justiça e na misericórdia de Deus e pela fé no futuro, e também dedicadas à prática da fraternidade e do amor ao próximo. As que assim não procedem não podem ser consideradas verdadeiramente adeptas da Doutrina Espírita.

4 – Ela ensina e prova, com fatos científicos, que a nossa alma é imortal, que havemos de progredir sempre, evoluindo através das existências sucessivas até conseguirmos tornar-nos Espíritos regenerados e bons, conforme Deus estabeleceu para o nosso destino.

5 – Estudando-a, ficamos cientes de que não vivemos uma única vez na Terra como homens, ou Espíritos encarnados. Temos tido várias existências neste mundo, ou em outros planetas do universo infinito, e futuramente teremos outras. Essa sucessão de existências é uma Lei criada por Deus e essa Lei chama-se reencarnação. E assim é que progredimos, moral e intelectualmente, e aperfeiçoamos o nosso espírito.

6 – A Doutrina Espírita ensina também, e prova com o raciocínio e os fatos, que o sofrimento das criaturas neste mundo é consequência dos erros que elas cometeram nesta existência presente mesma, ou em existências passadas, porque ninguém sofre injustamente. Todo mal que praticamos contra os outros, durante uma existência, teremos de expiar e reparar em existências futuras, quer sofrendo males idênticos aos que praticamos contra o nosso próximo, quer praticando o bem, em desagravo ao mal que fizemos. Por tudo isso, a reencarnação é um poderoso

e eficaz agente de progresso e evolução. Depois dos erros reparados, as criaturas serão felizes e continuarão progredindo sempre, até se aperfeiçoarem para atingir os estágios celestes.

7 – E ficamos sabendo, ainda, que não existe inferno, tal como até agora se pensava. O local onde sofremos para reparar nossas faltas é a Terra mesma ou o Além-túmulo, isto é, o mundo espiritual. O inferno está em nossa consciência culpada e cheia de remorsos pelos erros e crimes praticados durante a vida, contra as Leis de Deus, o próximo e nós mesmos. E assim ficam provadas a justiça e a misericórdia de Deus, que não nos condena a suplícios eternos no inferno; ao contrário, nos concede sempre novos ensejos de reparar faltas a fim de podermos ser felizes futuramente.

8 – Deus é infinitamente misericordioso e não castiga nem perdoa ninguém. Se sofremos é porque não acatamos suas Leis, e o seu perdão existe no ensejo que suas Leis nos concedem de podermos reencarnar tantas vezes quantas sejam necessárias a fim de repararmos nossas faltas e praticarmos o bem.

9 – A Doutrina Espírita não possui *ritual*, nem clero. Não usa velas em seus templos, nem cerimônias, nem imagens, nem figuras de santos, nem altares, nem palcos para peças de teatro. Não faz batizados nem casamento. Não usa incensos nem defumadores, nem cânticos, nem vestimentas especiais. O espírita casa-se pelas leis civis do país em que vive, baseado na lei moral do amor, e faz uma prece em sua residência pedindo as bênçãos de Deus para o novo lar.

10 – Com a Doutrina Espírita ainda ficamos informados de que os nossos parentes, os nossos amigos e todas as demais pessoas a quem amamos e que desencarnam antes de nós não estão perdidos para o nosso coração. Só o corpo material que eles possuíam desaparece da nossa vista, mas continuam todos vivendo, em espírito, no mundo espiritual, pensando em nós e nos amando como antes. Podemos obter suas notícias

e até falar-lhes, com o auxílio dos médiuns, em sonhos ou por nosso próprio intermédio, se também formos médiuns.

11 – Os Espíritos superiores que ditaram a Allan Kardec essa Doutrina celeste nos aconselham com insistência a perdoarmos sinceramente todas as injúrias e ofensas que recebermos de alguém ou dos inimigos que porventura tenhamos. Se deixarmos de perdoar e nos enchermos de ódio, e se os nossos ofensores morrerem antes de nós, poderemos ser prejudicados por eles, que nos poderão obsidiar. O perdão às ofensas, portanto, é uma defesa que temos contra os nossos inimigos desencarnados, e com ele atrairemos para nós próprios as simpatias dos bons Espíritos.

12 – O adepto dessa Doutrina consoladora e redentora aprende também a orar pelos que sofrem, encarnados ou desencarnados, amigos ou inimigos, e por si próprio, rogando a proteção dos guias espirituais e forças para o cumprimento dos próprios deveres para com Deus e o próximo. A prece, portanto, é indispensável a todos nós, pois é através dela que nos comunicamos com o Pai que está nos Céus, de quem recebemos as bênçãos necessárias à paz da nossa vida.

# 2

# FORA DA CARIDADE NÃO HÁ SALVAÇÃO

Um dos ensinamentos mais veementes que a Doutrina Espírita apresenta é o da caridade e beneficência para com o nosso próximo. Os Espíritos superiores que a ditaram a Allan Kardec não se cansaram de aconselhar a sua prática, e todos os demais Espíritos que se têm comunicado com os homens depois disso igualmente aconselham com insistência o dever da caridade para com o próximo e até para conosco mesmos.

Jesus já fazia a mesma recomendação, exemplificando a prática dessa virtude celeste. E nós, espíritas, que temos Jesus por Mestre, seguimos os seus exemplos, procurando amar e beneficiar quanto possível o nosso irmão necessitado, principalmente aqueles que sofrem, quer encarnados, quer desencarnados.

Existem vários modos de praticar a caridade. Podemos praticá-la socorrendo os enfermos, os pobres, auxiliando-os moralmente também nas horas dramáticas da vida; fornecendo roupas, abrigos, alimento às pobres mães sem amparo e aos seus filhos carentes de tudo; protegendo os órfãos abandonados pelas ruas, os velhos sem abrigo e sem consolo, os doentes sem recursos; os tristes, feridos pelas lutas e desilusões do mundo; reconfortando, aliviando as torturas morais dos prisioneiros nos seus cárceres. Podemos também praticá-la moralmente, dentro do nosso próprio lar, amando e respeitando a nossa família, perdoando as ofensas que porventura recebamos de nossos irmãos e demais parentes; orando pelos doentes aflitos, consolando e procurando remediar as amarguras daqueles que nos cercam, e até para com os Espíritos desencarnados poderemos praticar a caridade, assim fazendo deles grandes amigos para o futuro. Ao ingressar no Além-túmulo, quando desencarnarmos, numerosos amigos, beneficiados pelas nossas orações e pensamentos afetuosos, nos rodearão agradecidos, por sua vez auxiliando-nos conforme suas possibilidades. E assim se dilatará a família espiritual, consoante os desígnios do Criador de todas as coisas.

Orando pelas almas desses grandes sofredores que são os suicidas, os obsessores, bem como pelos criminosos, pelos endurecidos no mal, com amor e sinceridade, poderemos abrandar os seus sofrimentos e desesperos, despertando neles, com o fervor das nossas orações e pensamentos fraternais, a esperança no futuro, a fé em Deus, a confiança no amor de Jesus Cristo, o arrependimento de suas faltas e forças para procurarem os caminhos que levam ao bem. Visitar encarcerados em suas prisões, os doentes nos hospitais ou em suas residências, consolá-los, testemunhar-lhes respeito e consideração, apresentando-lhes bons votos de saúde e progresso, é caridade, assim como aconselhar os necessitados de auxílio moral e orientação para o cumprimento dos próprios deveres.

Muitos bons livros e até pequeninas mensagens em prosa e em versos, ensinando a prática do bem e da caridade, os bons Espíritos têm concedido aos médiuns para nossa instrução. Eles pensam em tudo que nos possa ajudar, beneficiar e educar. Têm, portanto, caridade para conosco, e nós, instruindo-nos com tão sublimes lições, devemos seguir-lhes os conselhos, usando sempre e em toda parte a caridade para com os outros. Devemos ter caridade até para conosco, pois amando a Deus, observando os ensinamentos de nosso Mestre Jesus Cristo, repudiando os vícios e as paixões, sendo severos para conosco, conservando-nos honestos e sérios em todos os momentos da nossa vida, teremos caridade para conosco.

Quando desencarnarmos e formos habitar o Além-túmulo, nossos guias espirituais, representantes de Jesus em nossa vida, não nos perguntarão qual foi a nossa religião na Terra, mas sim quais os benefícios que fizemos ao próximo, as lágrimas que enxugamos, a proteção que dispensamos aos aflitos e sofredores.

Esse é, pois, o primeiro dever que o cristão e o espírita deverão cumprir se desejarem progredir, elevar-se para Deus, porque a caridade é o caminho que mais facilmente nos leva aos mundos felizes que o Criador destinou a seus filhos redimidos.

Mas não devemos praticar essa virtude celeste com orgulho nem vaidade, e sim com humildade e simplicidade. A vaidade e o orgulho anulam o valor do bem que tivermos praticado.

Por tudo isso Allan Kardec, o codificador do Espiritismo, criou como lema da Doutrina Espírita esta bela máxima: *Fora da caridade não há salvação.*

# 3

# DAR DE GRAÇA O QUE DE GRAÇA RECEBER

## O DOM DE CURAR

[...] Procure, pois, aquele que carece do que viver recursos em qualquer parte, menos na mediunidade; não lhe consagre, se assim for preciso, senão o tempo de que materialmente possa dispor. Os Espíritos lhe levarão em conta o devotamento e os sacrifícios, ao passo que se afastam dos que esperam fazer deles uma escada por onde subam. (KARDEC, Allan. *O evangelho segundo o espiritismo*. Cap. XXVI, it. 10.)

\* \* \*

No Evangelho de Mateus, capítulo 10, versículo 8, há esta recomendação de Jesus a seus apóstolos e discípulos: "Curai os enfermos, ressuscitai os mortos, purificai os leprosos, expeli os demônios; de graça recebestes, de graça dai".

Os Espíritos mensageiros de Jesus, que revelaram a Doutrina Espírita, levaram em consideração essa advertência do Mestre e a transportaram para os códigos espíritas. Desde então, todos os Espíritos elevados que se têm comunicado através dos médiuns, a fim de instruir e orientar os homens, insistem em lembrar esse ensinamento, que é de alta significação para a Doutrina e para os seus médiuns.

Mas o que foi que os discípulos e os apóstolos de Jesus receberam de graça?

Allan Kardec, no capítulo XXVI de *O evangelho segundo o espiritismo*, explicou claramente a lição de Jesus.

O que o amado Mestre forneceu gratuitamente aos seus discípulos foi a mediunidade beneficente para que, praticando-a, eles socorressem os sofredores; foi o dom de curar enfermos, de retirar os Espíritos obsessores e perturbadores de junto daqueles a quem prejudicavam. Os apóstolos, portanto, fizeram curas importantes com esse dom e jamais receberam paga pelo bem e as curas que faziam, apesar de serem pobres.

A mediunidade é um dom de Deus, o qual devemos amar, respeitar, cultivar e exercer a benefício da humanidade, se a possuímos. Sendo um dom de Deus, a mediunidade não é, portanto, propriedade do médium e sim um favor celeste que ele deverá repartir sempre, com ela beneficiando aqueles que sofrem e não a possuem.

Ora, assim como os discípulos do Grande Mestre Jesus Nazareno eram médiuns e beneficiavam os que sofriam com esse dom precioso, muitos e muitos adeptos da Doutrina Espírita também são médiuns e receberam a incumbência de igualmente utilizarem esse dom de Deus para beneficiar os sofredores de toda espécie. Vemos, então, médiuns espíritas, assistidos por seus guias protetores, curando obsessões, curando doentes, paralíticos, toda espécie de doenças, inclusive as doenças morais, tais como a descrença em Deus, a revolta do coração, as paixões mundanas etc. Com os *passes*, os quais são a *imposição das mãos* que Jesus e seus discípulos praticavam, os médiuns espíritas levam o alívio e a paz do Alto a todos aqueles necessitados que, muitas vezes chorando, os procuram a fim de se aliviarem das aflições que os assaltam durante a vida. E o médium não se poderá negar jamais a tal solicitação. É seu dever a todos atender amorosamente, com método e disciplina, e ajudá-los em nome do Senhor, pois foi para exercer esse santo mandato que o Criador de todas as coisas conferiu-lhe o precioso dom. Isso é uma graça tão alta que o médium recebe de Deus, ou seja, o fato de ser portador dos benefícios que Ele próprio concede a seus filhos sofredores, que os médiuns devem sentir-se recompensados pela honra de realizarem esse divino trabalho.

Mas os médiuns espíritas-cristãos também nada recebem como pagamento pelos serviços que prestam com a sua faculdade mediúnica. Usar a mediunidade para ganhar dinheiro é uma profanação, um erro grave perante Deus. Recebendo o dom de curar do próprio Deus, o médium nada pagou por isso. Ele, então, não tem o direito de cobrar pelo bem que esse dom produz. Se o fizer, assumirá grande responsabilidade perante as Leis divinas e mais tarde será *punido* por esse desacato.

Nem o médium curador (de curas), nem o escrevente (psicógrafo), nem o de incorporação (que recebe o Espírito e fala em seu nome), nem o orador, nem o passista, nem o médium escritor, nada do que fazem, nada que esteja ligado à Doutrina dos Espíritos através da mediunidade deve ser cobrado ou pago. O trabalho do médium e do espírita fiéis aos princípios da sua Doutrina é inteiramente gratuito.

"Dai de graça o que de graça recebestes", é a recomendação de Jesus, é a recomendação dos grandes Espíritos que, em seu nome, trouxeram até nós o Consolador por ele prometido.

## Ressuscitar os Mortos

Mas perguntarão: Os médiuns, porventura, ressuscitam mortos?

Certamente, não! Mas a Doutrina de que eles são portadores pode ressuscitar.

Se uma pessoa estiver realmente morta, ninguém há que possa fazê-la reviver, a não ser uma outra encarnação.

O que acontecia no tempo de Jesus, e que ele e os apóstolos curavam, era o fenômeno de "morte aparente", isto é, o fenômeno de "catalepsia", quando a pessoa toma todas as aparências de cadáver, inclusive a rigidez dos nervos, dos músculos e da carne.

No Evangelho, vemos a narrativa de três casos dessa natureza: o acontecido à filha de Jairo, ao filho da viúva de Naim e a Lázaro, todos curados por Jesus. Estes, certamente, não estavam mortos. Sofriam, sim, ataques de catalepsia, ou morte aparente. Poderiam morrer se Jesus não os fizesse retomar o corpo, fazendo-os voltar à vida. Os três Espíritos não estavam ainda completamente separados de seus corpos. Se estivessem, os corpos não poderiam reviver, porque isso é contrário à Lei de Deus, ou lei da natureza. Ora, vários casos desses se têm dado na atualidade e os médiuns espíritas, se forem bem assistidos e protegidos pelos guias espirituais, podem fazer com que retornem ao corpo.

Ressuscitar os mortos pode ser também uma expressão figurada. Uma pessoa que viva somente para os gozos materiais, sem crença em Deus, sem amor ao próximo; que erra de todas as formas, que nunca ora a Deus e que desconhece o Evangelho; que se embriaga e se deleita nos prazeres grosseiros da carne; que rouba, que mata o seu próximo e perturba a paz da sociedade pode ser considerada um morto, pois, com efeito, moralmente ela está morta. Mas um médium espírita, ou um espírita, simplesmente, pode fazê-la ressurgir para Deus e para si própria, ajudando-a a arrepender-se do mal que pratica, tornando-a assim uma pessoa de bem com os seus conselhos, suas lições de moral evangélica e seus exemplos de cristão verdadeiro. Também isso tem acontecido entre os espíritas e entre outros cristãos, pois são numerosos os "mortos" desse tipo que os espíritas têm ajudado a ressuscitar para o bem e o amor de Deus.

No Evangelho de Jesus encontraremos vários casos desses, entre outros o de Maria Madalena, que era "morta" no pecado e ressurgiu pelo amor da Doutrina do Mestre; o caso de Zaqueu, "morto" nos gozos do mundo e a quem o Mestre Nazareno, falando-lhes da sua Doutrina, chamou ao dever para com Deus, e ainda o caso de Paulo de Tarso, o qual, ouvindo apenas uma advertência do Senhor, na estrada de Damasco, renunciou a tudo, entregando-se à sua direção para sempre, como relatou o Espírito Emmanuel em sua obra *Paulo e Estêvão*, psicografada pelo médium Francisco Cândido Xavier.

Desse modo, todos aqueles que são médiuns têm o dever de amar, cultivar e respeitar esse dom de Deus, que é a mediunidade, e entregá-lo aos serviços do bem, do amor e da caridade, sem coisa alguma receberem em pagamento. Se assim o não fizerem, cometerão um grande erro e sofrerão as consequências da sua transgressão às advertências do Alto. A Doutrina do Consolador, portanto, também ressuscita mortos.

# 4

# O PERISPÍRITO

O Espírito, propriamente dito, nenhuma cobertura tem, ou, como pretendem alguns, está sempre envolto numa substância qualquer?

Envolve-o uma substância vaporosa para os teus olhos, mas ainda bastante grosseira para nós; assaz vaporosa, entretanto, para poder elevar-se na atmosfera e transportar-se aonde queira. (KARDEC, Allan. *O livro dos espíritos*, q. 93.)

\* \* \*

## Um estudo agradável

O estudo do perispírito é um dos mais belos de toda a Doutrina dos Espíritos. É também dos mais importantes, porque o seu conhecimento explica muitos fatos e problemas que rodeiam as criaturas deste mundo.

Todas as criaturas possuem o seu perispírito, o qual nada mais é senão o corpo do Espírito, o envoltório necessário a fim de que ele possa manifestar-se na Terra ou em qualquer outro planeta ou lugar do mundo invisível onde se encontre.

O homem é constituído, portanto, de três elementos: alma ou espírito encarnado, perispírito e corpo carnal. Este último é mortal, pois morre, é sepultado e se transforma, indo as suas células animar outros corpos, quer vegetais, quer animais. O segundo é imortal. É um corpo semiespiritual, envoltório do Espírito. Segundo os ensinamentos da Ciência Espírita, ele se compõe de três fluidos distintos: modificações do fluido cósmico universal, isto é, matéria quintessenciada, que se estende por todo o universo e lhe fornece vida; fluido elétrico e fluido magnético. Por isso é chamado também corpo semimaterial e corpo fluídico. É indivisível, contrátil e expansível, ou seja, pode contrair-se, diminuir ou estender-se, alongar-se. É governado e dirigido pela mente e a vontade do Espírito; é intermediário entre o Espírito e a matéria e vice-versa. Sem esse corpo intermediário, o Espírito não poderia ter ação sobre o corpo carnal das criaturas humanas. Sendo um organismo semimaterial, é sujeito a adoecer, ou antes, nas suas delicadezas semimateriais podem repercutir todos os males e excessos que atingem o corpo carnal, enfraquecendo suas vibrações. Transmite ao corpo as vontades do Espírito e se aprimora e embeleza de claridades espirituais à proporção que o Espírito progride e se ilumina de virtudes e a mente se purifica.

Segundo as revelações dos Espíritos, possui órgãos análogos aos do corpo humano, porém não constituídos de carne e nervos, mas sim de fluidos magnéticos, uma vez que sua natureza é fluídica; e, ao reencarnar, como que se enraíza ao corpo em formação no seio materno, molécula por molécula, para o compromisso de uma existência planetária. Não está, no entanto, cativo nele, como guardado numa caixa, pois, durante o sono de cada noite ou nos transes mediúnicos, pode afastar-se dele temporariamente, ficando, então, ligado ao mesmo corpo por uma estreita faixa, ou cordão luminoso, que tudo indica ser elétrico. E só se desliga completamente do compromisso material ao sobrevir a morte do corpo carnal, ou desencarnação do Espírito. Esse rompimento, porém, é suave e lento na morte natural, mas violento e penoso no suicídio ou na morte acidental.

O perispírito, porém, não é a sede dos sentimentos do Espírito e sim a sede das sensações do corpo material, as quais transmite, como vibrações, ao Espírito. Não é suscetível de sofrer frio, fome ou sede. Mas, uma vez desencarnado, sofre-os mentalmente, ou supõe senti-los, pelo hábito adquirido durante a encarnação e pelo fato de nele se refletirem as necessidades inerentes ao corpo. Porém, uma vez mentalmente desligado do corpo material, nada mais deverá sofrer a não ser moralmente.

O gênero de morte violenta sofrido pelo corpo carnal, principalmente o suicídio, pode afetá-lo, traumatizando-o durante algum tempo, até mesmo durante séculos. Mas a boa moral do indivíduo, os pensamentos nobres, a prece, a ideia de Deus, os elevados ideais, fortalecendo e aligeirando suas vibrações, fornecem-lhe brilho e beleza toda especial. E, finalmente, esse corpo, que o apóstolo Paulo denominou corpo celeste, os ocultistas denominam corpo astral e os espíritas chamam corpo espiritual ou corpo fluídico ou ainda perispírito, não envelhece jamais, ao contrário, quanto mais antigo e mais trabalhado pelo progresso moral, pelo bem e pela dor dos sacrifícios, através dos séculos, mais radiante e lindo se torna até confundir-se com o próprio Espírito, o qual a esse tempo já será um ser superior, angelical, um Espírito celeste.

## Os dons de Deus

Quanto ao Espírito propriamente dito, pouco ou nada os homens sabem até agora sobre a sua composição. Apenas sabemos que se trata de uma centelha do próprio Deus, ou centelha divina, razão pela qual somos chamados filhos de Deus, descendentes da Divindade. Nele existem os germes de todos os atributos do nosso Criador e Pai. Através das reencarnações, na sequência dos milênios; através do amor, do trabalho, da prática do bem e conduzidos pela dor, pelos sacrifícios de todo gênero, esses germes vão se desenvolvendo lentamente até o Espírito atingir o estado de pureza; mas essa luta pelo nosso aperfeiçoamento será imensa e levará milênios, sempre através das reencarnações, na Terra como em outros mundos planetários, ajudada pelos estágios de instrução no mundo espiritual.

O Espírito é imortal, progride sempre, e, ao atingir a perfeição, refletirá a imagem e a semelhança de Deus. Na Terra só existiu um Espírito que foi a imagem e a semelhança de Deus, e esse foi Jesus Cristo, nosso Mestre.

No Espírito é que se encontra a sede dos nossos sentimentos, ou seja, o princípio, os germes dos atributos do próprio Deus, com os quais Ele nos dotou ao nos fornecer vida. E só estaremos verdadeiramente criados depois que os germes desses atributos se encontrarem plenamente desenvolvidos.

Mas que atributos são esses que Deus possui cujos germes também possuímos para desenvolver e aperfeiçoar, como seus filhos que somos?

São aqueles que constituem a nossa individualidade moral-espiritual e imortal: a inteligência, o pensamento — força poderosa, cuja potência ainda não conhecemos satisfatoriamente; a vontade —, outra força ainda desconhecida para nós; o dom de criar, pois nós também somos criadores, embora em grau inferior ao de nosso Pai, que é o Criador Supremo; os sentimentos: amor, caridade, piedade, misericórdia, entre outros; e a memória, o raciocínio ou razão e outras potências mais. À proporção que progredimos através do tempo, esses dons vão se aperfeiçoando e vamos recebendo outros tantos, que hoje desconhecemos, mas que futuramente dominaremos. E quando nos tornarmos perfeitos e refletirmos a imagem e a semelhança do nosso Pai e Criador, seremos então seus colaboradores nos serviços do universo sideral, ou universo infinito. Nosso progresso, portanto, é infinito, jamais poderemos parar. Poderemos, sim, estacionar, se não formos muito atentos no cumprimento do dever. Por isso mesmo, desde a infância, devemos começar a aprender e praticar as virtudes que o Consolador nos trouxe, a fim de nos aproximarmos o mais possível de nosso Pai e Criador que está nos Céus, em toda parte, até dentro de nós mesmos.

Muitas outras faculdades e outros dons existem nesse corpo fluídico, que os espíritas denominam perispírito, inclusive os gérmens dos dons mediúnicos, mas somente com o tempo poderemos reconhecê-los ou defini-los. Por enquanto, o que nos cabe é reestudar os mestres que nos falam dele, tais como Allan Kardec, Léon Denis, Gabriel Delanne, que são os que mais particularmente tratam do assunto. A dedicação, a perseverança, a boa vontade que tivermos para estudar e compreender a profundidade e a grandeza da Terceira Revelação de Deus aos homens, isto é, a Doutrina dos Espíritos, o Consolador prometido por Jesus, um dia nos elevarão no conceito dos Espíritos superiores e nos proporcionarão o conhecimento da Verdade. Então, estaremos redimidos e seremos Espíritos felizes, colaboradores fiéis de Jesus, quer estejamos reencarnados, como homens, quer desencarnados, como entidades espirituais.[24]

---

[24] Nota da autora: Pequeno resumo de alguns ensinamentos sobre o assunto, contidos na Codificação do Espiritismo, de Allan Kardec.

# 5

# A REENCARNAÇÃO

## UMA LEI PROTETORA

Têm necessidades da reencarnação os Espíritos que, desde o princípio, seguiram o caminho do bem?

Todos são criados simples e ignorantes e se instruem nas lutas e tribulações da vida corporal. Deus, que é justo, não podia fazer felizes a uns, sem fadigas nem trabalhos, consequentemente sem méritos. (KARDEC, Allan. *O livro dos espíritos*, questão 133.)

\* \* \*

Prosseguiam então as explicações de Dr. Arnaldo aos seus gentis hóspedes. Por vezes, num só dia, dois, três pontos doutrinários eram lembrados e expostos. É que havia pressa: aqueles jovenzinhos regressariam às suas casas nos próximos dias.

Uma das pessoas presentes à explicação sobre o perispírito perguntou, durante a reunião do dia seguinte:

— Que é reencarnação, meus amigos? Nada conheço ao certo sobre esse tema e gostaria de obter noções sobre ele. Disseram-me tratar-se de um princípio fundamental do Espiritismo, ou um dos seus princípios fundamentais.

A resposta do expositor foi imediata:

— Allan Kardec define assim a reencarnação no capítulo IV de *O livro dos espíritos*, o código por excelência do Espiritismo, pergunta 171:

> A doutrina da reencarnação, isto é, a que consiste em admitir para o Espírito muitas existências sucessivas é a única que corresponde à ideia que formamos da Justiça de Deus para com os homens que se acham em condição moral inferior; a única que pode explicar o futuro e firmar as nossas esperanças, pois que nos oferece os meios de resgatar os nossos erros por novas provações. A razão no-la indica e os Espíritos a ensinam.

"Assim sendo, a reencarnação é também o misericordioso ensejo que o Supremo Criador concede aos homens para expiar os erros e os crimes que cometeram e venham a cometer e, assim, progredir. Se erramos em determinada existência, por mais grave que seja esse erro, a Lei de Deus, em vez de nos condenar eternamente às torturas de um Inferno, como acreditavam os antigos, concede-nos uma existência nova, em novo corpo carnal, durante a qual sofremos as consequências daquele erro e nos reabilitamos, isto é, pagamos com os sofrimentos, bem como igualmente com os trabalhos do bem ao próximo os males que praticamos anteriormente.

"Se uma só existência não for bastante para expiarmos as faltas cometidas, a Lei de Deus nos concederá quantas nos forem necessárias, até que tudo tenhamos expiado, progredindo em honestidade e fraternidade para com os nossos semelhantes.

"Quando encontramos pelas ruas um pobre mutilado, um infeliz obsidiado ou um débil mental; quando vemos uma criatura sem lar, maltrapilha, sem o pão de cada dia, podemos estar certos de que ali se encontram, reencarnados, grandes faltosos de passadas existências, aos quais Deus permitiu tomar aqueles novos corpos para que, através do sofrimento, expiassem os males outrora praticados. Devemos então, se somos cristãos, orar por eles e procurar suavizar os seus infortúnios, pois isso é caridade e a caridade é Lei de Deus.

"As doenças incuráveis, a obsessão, a loucura, a miséria, as dificuldades da vida, as desilusões de toda natureza, até mesmo as desilusões de amor; a impossibilidade de realizar os ideais mais queridos e até a morte de seres amados, tudo isso é consequência dos males que praticamos em outras vidas contra o próximo ou contra nós mesmos.

"Muitas vezes, nossos erros em uma existência são tão graves, ferem tantas pessoas, que em uma só existência não conseguiremos expiá-los e repará-los. Levaremos então séculos para reparar esses males. Um suicida, por exemplo, além de sofrer no mundo invisível, tem de encarnar novamente na Terra, tomar novo corpo, com o qual dará às Leis divinas um testemunho de resistência ao suicídio, sofrendo males idênticos aos que sofreu na encarnação passada e não teve paciência para suportar. É como quem repetisse uma lição. Em vez de o suicida ser condenado às penas eternas do Inferno, como ainda hoje muitas pessoas acreditam, Deus, que é Pai justo e misericordioso e quer que seus filhos sejam dignos e felizes, concede-lhe uma, duas, três reencarnações, se necessário for, para que ele se reabilite e progrida, praticando o bem. Mas isso poderá demorar séculos. Há também desastres, dramas coletivos, que são consequências de crimes graves que aquelas pessoas, então reunidas nos desastres, praticaram em existências às vezes muito antigas.

"No entanto, há também sofrimentos, que aqui suportamos, que não são resultantes de erros cometidos em vidas passadas. Muitos desses são resultado do mau procedimento que temos na vida presente mesma, da nossa displicência e falta de respeito às Leis de Deus, da nossa imprudência e falta de amor ao próximo ou a nós mesmos.

"A todos esses sofredores podemos e devemos ajudar com as nossas preces ou o nosso auxílio material.

"Muitos desses pobres que vemos pelas ruas, esmolando, podem ter sido príncipes, fidalgos em antigas encarnações, pessoas de destaque social, senhores de escravos, grandes proprietários que não souberam bem se conduzir em suas vidas anteriores; podem ter sido até mesmo seres queridos pelos nossos corações em encarnações pretéritas. A nenhum desses devemos repelir, pois a caridade e a prudência aconselham que os ajudemos da forma que pudermos. Também nós já pudemos ter sido como eles, no passado, ou poderemos sê-lo, no futuro, se não procedermos honestamente em nossa vida cotidiana, isto é, se desrespeitarmos as Leis de Deus, praticando o mal para com nós próprios ou para com a sociedade e os nossos semelhantes. Sempre que praticamos o mal para com os outros, estaremos ferindo a nós próprios e a Lei de Deus, e teremos, mais tarde, de expiar e reparar esses erros.

"No entanto, nem só sofrendo, expiando, poderemos resgatar nossos delitos presentes ou passados. O trabalho, o amor, a abnegação que tivermos para realizar vultosos benefícios em favor do próximo ou da sociedade são realizações que nos possibilitam reparar faltas cometidas em vidas passadas. Com essas beneméritas ações em favor dos sofredores, podemos reparar, em uma só existência, erros que só conseguiríamos apagar duas ou mais existências, se não as realizássemos. De qualquer forma, todos os erros ou crimes que praticamos contra as sagradas Leis de Deus teremos de expiar e reparar em reencarnações futuras, ou vidas sucessivas. E se assim acontece, é porque Deus nos ama e é misericordioso para conosco. Ele nos criou para o progresso e a perfeição, não para nos perdemos na prática do mal e na expiação infernal, eterna, conforme diziam os ensinamentos antigos."

— Quer dizer então que Deus não nos perdoa, já que temos de pagar todo mal que praticamos neste mundo? — voltou a perguntar a mesma pessoa que pediu esclarecimentos no início da reunião.

O expositor esclareceu:

— Aquele perdão gracioso, isto é, o perdão através de uma graça especial concedida, sem a emenda do pecador no bom caminho e a reparação do mal praticado, não, não existe! O perdão de Deus aos nossos erros encontra-se no ensejo que suas Leis nos concedem de reencarnarmos novamente, a fim de repararmos os nossos erros e realizarmos o bem, aperfeiçoando nossos Espíritos até nos depurarmos das maldades e paixões que nos infelicitaram, em vez de nos condenar para sempre.

"Para que um iniciante na Doutrina Espírita possa bem compreender a lei da reencarnação, convirá conhecer os belos romances da vida real que os instrutores espirituais têm ditado aos médiuns como auxílio à nossa educação doutrinária e reeducação moral. Nesses livros, sempre extraídos da realidade das vidas humanas e até, às vezes, extraídos tanto de reencarnações passadas dos próprios médiuns que os receberam quanto de vidas anteriores dos seus autores espirituais, vamos aprender com detalhes as dolorosas consequências, na reencarnação seguinte, das faltas cometidas em uma outra existência. Romances, contos, mensagens e até poesias, os mensageiros do Senhor têm ditado a diversos médiuns para nossa instrução, avisando-nos do que espera o delinquente e o criminoso no seu futuro reencarnatório. Estamos, pois, avisados de tudo. Se continuarmos a errar é porque queremos o erro.

"Como vemos, amigos, o Consolador que Jesus prometeu e enviou está conosco, ensinando todas as coisas que Ele não pôde ensinar na sua época. E a lei da reencarnação é uma delas."

— Mas... meu querido avô, a reencarnação não tem bases no próprio Evangelho do Senhor Jesus? — indagou Eneida.

— Sim, tem, minha filha, mas deixemos esse detalhe para nossas futuras meditações. Todos vocês já podem compulsar *O evangelho segundo o espiritismo*, de Allan Kardec. Procurem ali esse noticiário no capítulo IV, e estou certo de que se sentirão edificados.

# 6

# MEDIUNIDADE

Os médiuns são os intérpretes incumbidos de transmitir aos homens os ensinos dos Espíritos, ou melhor, *são os órgãos materiais de que se servem os Espíritos para se expressarem aos homens por maneira inteligível.* Santa é a missão que desempenham, visto ter por fim rasgar os horizontes da vida eterna. (KARDEC, Allan. *O evangelho segundo o espiritismo.* Cap. XXVIII, it. 9)

### UM DOM PRECIOSO

— Que é a mediunidade?

Foi essa a pergunta que o Dr. Arnaldo Vasconcelos ouviu logo que os visitantes o rodearam para conversar e meditar sobre os fundamentos da Doutrina Espírita.

— A mediunidade — respondeu ele — é um dom natural que Deus, nosso Criador, concedeu aos homens para o seu próprio progresso moral e espiritual e para benefício da humanidade. Podemos também denominá-la como um *dom de Deus*, visto que é um dom natural, ou da própria natureza espiritual do indivíduo.

"Todas as criaturas, homens, mulheres, velhos, moços e até crianças, possuem mediunidade, são influenciáveis pelos Espíritos desencarnados, porque Deus não mantém privilégios e por isso forneceu a todos os seus filhos esse precioso dom que lhes permitirá progredir, através dele espalhando o bem entre os seus irmãos sofredores deste e do outro mundo. Mas nem todos o possuem no mesmo grau potencial, ou grau de força e intensidade. Será necessária mais de uma existência para que esse grau se aprimore, dependendo também da organização nervosa do indivíduo a sua força de expansão. Por essa razão nem sempre a mediunidade poderá ser desenvolvida. Até o momento a mediunidade não está bem estudada e definida pelos pesquisadores psiquistas e espíritas, de modo que, em verdade, conhecemos pouco sobre ela. Conhecemos apenas os seus efeitos e algumas das suas possibilidades, mas pouco de sua natureza.

"Graças a esse dom, podemos nos comunicar com os Espíritos desencarnados e deles receber instruções educativas de imenso valor, conselhos que nos orientem para o bem, consolação para nossas amarguras, além de forças morais para bem suportarmos nossos sofrimentos; belos romances que instruem, educam e edificam nossos corações e até poesias que deleitam nossas mentes, bem como receitas para nossa saúde.

"Por meio de um médium podemos mesmo ser operados por um Espírito médico-cirurgião desencarnado. Tudo isso, porém, só será realizado pelos Espíritos de ordem elevada, ou seja, adiantados em saber e virtudes, iluminados.

"Mas será necessário, também, para que tudo isso se possa dar, que o médium se disponha, de muito boa vontade, a uma iniciação, a um estudo sério, a fim de educar os próprios sentimentos para as coisas de Deus;

educar a própria mente, moralizar-se, conhecer os princípios evangélicos e esforçar-se por adotar a sua moral; renunciar aos prazeres e ambições do mundo, a fim de viver melhor a vida do Espírito.

"Um médium não moralizado, desconhecedor dos preceitos doutrinários, poderá também comunicar-se com os Espíritos, mas não conseguirá atingir o grau de benemérita plenitude que outros, por preencherem as condições ideais, poderão conseguir.

"Muitos daqueles poderão mesmo prejudicar a si mesmos e ao próximo, além de deturparem os ensinamentos da Doutrina, pois se não forem muito sensatos, abusando do direito de se comunicar com os Espíritos, poderão se tornar joguetes de entidades inferiores do mundo invisível: mistificadores, ignorantes, zombeteiros, malévolos e até obsessores, isto é, perseguidores que os infelicitarão e anularão a sua faculdade mediúnica, talvez para sempre.

"A mediunidade, portanto, em sendo um tesouro do Céu, com o qual Deus presenteia seus filhos, é também responsabilidade muito séria e importante, que deve ser considerada com respeito e veneração a fim de apresentar frutos bons e beneficiar tanto o médium como as criaturas necessitadas de conforto, de ajuda, moral-espiritual e até mesmo física, quer sejam estes sofredores encarnados, quer sejam desencarnados, que os procurem em nome de Deus.

"Quando o adepto do Espiritismo deseja candidatar-se à mediunidade, não deve deixar de recorrer às instruções contidas em *O livro dos médiuns,* de Allan Kardec, pois esse livro foi especialmente escrito para guiar o médium de modo seguro e metódico, e é ele a fonte mais pura, existente na bibliografia espírita, para o conhecimento e a prática desse dom divino. Deverá também consultar outros livros da boa literatura espírita, os quais poderão guiar os seus passos no difícil caminho do desenvolvimento e consequentes atividades mediúnicas. Então, ele ficará conhecendo detalhes muito importantes, mesmo indispensáveis a um médium que deseje dedicar-se à nobre tarefa da comunicação com o Além-túmulo. Por exemplo:

"Jamais um médium deverá arriscar-se a desenvolver e praticar a sua mediunidade sozinho. Muitos dissabores tal procedimento poderá acarretar, inclusive uma obsessão. Ele deve, sim, aliar-se a um Centro Espírita bem orientado em Doutrina Espírita e Evangelho para receber o auxílio dos companheiros de crença.

"Todos os homens são, com efeito, médiuns, mas nem todos os médiuns possuem todas as faculdades mediúnicas, e bastante raro é haver quem possua mais de três ou quatro faculdades e consiga desenvolver perfeitamente todas elas.

"A intuição é o sexto sentido da humanidade, uma espécie de atributo de todas as criaturas, um dom natural que não requer desenvolvimento porque vem espontaneamente, tanto assim que a possuem adeptos de outras crenças e mesmo os que não têm nenhuma crença, devendo, em todos, ser considerada como faculdade mediúnica, pois importantes livros têm sido produzidos sob o ardor da sua atividade. O grande missionário Léon Denis, colaborador dedicado de Allan Kardec, por exemplo, escreveu os seus admiráveis livros servidos pela intuição fornecida por seus guias, entre eles Joana d'Arc e Jerônimo de Praga, Espíritos de grande elevação espiritual. Se o médium, portanto, cultivar a sua faculdade mediúnica, qualquer que ela seja, com amor, dedicação, método e respeito, poderá obter frutos excelentes a benefício de si próprio e da coletividade.

"Os únicos médiuns verdadeiramente inconscientes são os chamados *sonambúlicos*. Esses médiuns caem em sono magnético, provocado pelo seu guia ou pelo dirigente de uma sessão, ou mesmo automaticamente. Seu Espírito desprende-se e uma entidade desencarnada, elevada ou inferior, apossa-se do seu aparelho físico e dá a comunicação. Trazem, entretanto, o inconveniente de poderem tumultuar a reunião se a assistência espiritual do grupo não for muito garantida, pois

## As Três Revelações

tais médiuns, a nada assistindo, não poderão reprimir os excessos que porventura o Espírito comunicante queira cometer se se tratar de uma entidade malévola ou obsessora. Eles devem orar diariamente, como é dever de todos os médiuns, policiar os próprios pensamentos e os atos que queiram praticar, enfim, orar e vigiar. Se assim agirem e forem bem dirigidos por um inteligente experimentador, poderão apresentar frutos excelentes, autênticos e belos.[25] São esses, portanto, os verdadeiros médiuns de incorporação.

"Há também os médiuns falantes, através dos quais os Espíritos podem dar — e o fazem frequentemente — comunicações autênticas e muito boas. Esses são os mais comuns e úteis para os serviços das sessões práticas, mas não são propriamente de incorporação. Sobre eles diz Allan Kardec no capítulo XIV de *O livro dos médiuns*, parágrafo 166: "Estes médiuns, as mais das vezes, nada ouvem. Neles, o Espírito atua sobre os órgãos da palavra, como atua sobre a mão dos médiuns escreventes".

"Eles, portanto, não têm consciência do que falam, mas alguns têm a intuição do que dizem no momento mesmo em que pronunciam as palavras.

"Há, ainda, os médiuns clariaudientes, que ouvem os Espíritos como se uma voz interior falasse em seu íntimo. Entretanto, de outras vezes, é uma voz exterior, distinta e clara que ele ouve com nitidez. Se se tratar de um psicógrafo, o trabalho que escrever, assim ouvindo, mostrará uma autenticidade e mesmo uma beleza encantadora. Tal faculdade é também grande auxiliar dos oradores espíritas.

"Também existem os médiuns sensitivos, impressionáveis, curadores e os clarividentes, enfim, um grande número de especialidades de médiuns é exposto nos capítulos XIV, XV e XVI de *O livro dos médiuns*, cujo conhecimento é indispensável ao adepto que se habilita para

---

[25] Nota da autora: Ver obras de Léon Denis e Gabriel Delanne.

os serviços da mediunidade. Trata-se de leitura fácil e compreensível, e vos convido, meus jovens amigos, a conhecer ao menos o que nesse livro é exposto pelo codificador. *O livro dos médiuns* é uma das mais indispensáveis, belas e importantes obras de toda a bibliografia espírita. Será preciso, porém, lê-lo e estudá-lo com amor e uma vontade firme de aprender. Muitas mistificações e trabalhos apócrifos têm sido lançados no movimento literário espírita e mesmo na intimidade das sessões práticas, pela falta do verdadeiro conhecimento desse importante tratado sobre a mediunidade, razão pela qual eu novamente vos convido a se dedicarem ao seu permanente estudo."

— E a clarividência, meu avô? — perguntou Eneida, sempre ansiosa pelos ensinamentos espíritas.

— Sobre a clarividência, minha filha, passo a palavra ao nosso mestre Allan Kardec, cuja autoridade é a mais respeitável no nosso Movimento Espírita. Diz ele no parágrafo 171 do capítulo XIV daquele tratado sobre mediunidade que estamos estudando:

> A faculdade de ver os Espíritos pode, sem dúvida, desenvolver-se, mas é uma das que convém esperar o desenvolvimento natural, sem o provocar, em não se querendo ser joguete da própria imaginação. Quando o germe de uma faculdade existe, ela se manifesta de si mesma. Em princípio, devemos contentar-nos com as que Deus nos outorgou, sem procurarmos o impossível, por isso que, pretendendo ter muito, corremos o risco de perder o que possuímos.

O expositor fez uma pausa e depois aparteou:

— É a desobediência a esse princípio de Allan Kardec que vem prejudicando numerosos médiuns e, muitas vezes, para sempre. O fato de provocar a mediunidade, com a insistência que presenciamos por toda parte, é que causa o animismo e a sugestão que infelicitam tantos médiuns, pois muitos deles podem nem mesmo possuir o germe a que alude o codificador. Mas prossigamos ouvindo o mestre acerca da clarividência:

> Quando dissemos serem frequentes os casos de aparições espontâneas (nº 107), não quisemos dizer que são muito comuns. Quanto aos médiuns videntes, propriamente ditos, ainda são mais raros e há muito que desconfiar dos que se inculcam possuidores dessa faculdade. É prudente se lhes não dar créditos, senão diante de provas positivas. Não aludimos sequer aos que se dão à ilusão ridícula de ver os Espíritos glóbulos, que descrevemos no nº 108; falamos apenas dos que dizem ver os Espíritos de modo racional.

— Assim, pois — continuou o expositor —, chamo a atenção de todos vocês para a inconveniência de querer provocar o advento de qualquer faculdade mediúnica. A prudência aconselha que nos preparemos, inclusive praticando a caridade, para recebê-la quando ela se apresentar naturalmente. Experimentar, sim! Provocar, insistir, forçar, não! Será contraproducente.

— Fale agora sobre a psicografia, meu avô! Acho essa mediunidade belíssima e gostaria de ser médium psicógrafo a fim de obter livros e belos poemas em versos, ditados pelos Espíritos da elite de Além-túmulo... — adveio ingenuamente Elisinha, irmã de Carlos e de Eneida.

— Sim, sim, minha filha, mas não hoje. A mediunidade é assunto profundo e muito sério e só devemos dela falar com prudência. A psicografia ficará para outra conversação.

# 7

# A PSICOGRAFIA

E há diversidade nas realizações, mas o mesmo Deus é que opera tudo em todos. (I Coríntios 12: 4 a 11.)

## O QUE DIZ PAULO DE TARSO

Era uma reunião informal, amistosa, muito útil e agradável, à qual todos poderiam assistir, a que se realizou no dia imediato. Uma conversa em família, franca e respeitosa, própria para educar a linguagem e edificar a mente e o coração e também própria das famílias espíritas, cujos ideais se elevam dos tumultos e prejuízos da sociedade materialista da Terra. Instado pelos jovens, que sentiam palpitar em si mesmos uma energia solicitando expansão para assuntos mais elevados do que aqueles de que tratavam entre colegas e companheiros destituídos de um ideal superior, o velho anfitrião, Dr. Arnaldo Vasconcelos, aquiesceu à solicitação tão nobre dos seus jovens hóspedes e continuou a conversação interrompida no dia anterior. E então disse:

— Antes de atingirmos o nosso ponto de hoje, que é a psicografia, desejo meditar com vocês sobre o que diz o sábio apóstolo de Jesus Cristo, Paulo de Tarso, em sua bela *Primeira epístola aos coríntios,* cap. 12, versículos 4 a 11, sobre os nossos dons mediúnicos. Diz ele:

> Ora os dons são diversos, mas o Espírito é o mesmo. E também há diversidade nos serviços, mas o Senhor é o mesmo. E há diversidade nas realizações, mas o mesmo Deus é quem opera tudo em todos. A manifestação do Espírito é concedida a cada um visando a um fim proveitoso. Porque a um é dada, mediante o Espírito, a palavra da sabedoria; e a outro, segundo o mesmo Espírito, a palavra do conhecimento;[26] a outro, no mesmo Espírito, fé; e a outro, no mesmo Espírito, dons de curar; a outros, operações de milagres; a outro, profecia; a outro, discernimento de Espíritos;[27] a um, variedade de línguas; e a outro, capacidade para interpretá-las. Mas um só é o mesmo Espírito que realiza todas estas coisas, distribuindo-as como lhe apraz, a cada um, individualmente.

## O QUE DIZ ALLAN KARDEC

— Sim, meus gentis amiguinhos — continuou ele —, a psicografia é dos mais belos dons que uma criatura humana poderá receber da Misericórdia de Deus, pois todos os nossos dons psíquicos são naturais, possuímos os seus germes a fim de que se desenvolvam na ocasião oportuna. Mas será em vão que desejaremos despertá-los prematuramente.

"No capítulo XV, de *O livro dos médiuns* — "Dos médiuns escreventes ou psicógrafos" — (178 e seguintes), há uma bela exposição de alguns tipos de mediunidade psicográfica que a vocês muito convém conhecer. É preciso que vocês próprios aprendam a seguir, nos livros espíritas, os mestres legítimos, que os guiarão no aprendizado geral da Doutrina dos Espíritos. Assim, teoricamente preparados, futuramente vocês estarão

---

[26] Nota da autora: Através do Espírito que se comunica. Instruções, explicações.
[27] Idem. Possibilidade de discernir a categoria moral dos Espíritos que se comunicam.

habilitados a praticar os ensinamentos recolhidos e, então, a observação que fizerem através do trabalho prático enriquecerá em muito a instrução doutrinária, concedendo-lhes um vasto e legítimo tirocínio nos setores espíritas.

"No capítulo XV, pois, de *O livro dos médiuns*, vocês poderão conhecer excelentes instruções sobre médiuns mecânicos, médiuns intuitivos, médiuns semimecânicos, médiuns inspirados ou involuntários e médiuns de pressentimentos.

"Muitos médiuns possuem essas importantes faculdades, mas não as compreendem, não sabem defini-las e por isso vivem a perguntar a este ou àquele adepto sobre elas, quando, se "conversassem" com o seu mestre Allan Kardec, de tudo seriam informados. O dito capítulo XV é de fácil compreensão, contém apenas seis páginas e sete parágrafos, e encerra belos e preciosos ensinamentos.

"Devemos, porém, avançar o estudo e chegar ao capítulo XVI, e veremos então as *Aptidões especiais dos médiuns. Quadro sinóptico das diferentes espécies de médiuns*. Encontraremos ainda uma extensa exposição sobre médiuns especiais, conhecimento esse muito útil a quem se interessa por assuntos mediúnicos e deseja experimentar a própria faculdade. Até que no item 193, 3º — *Segundo o gênero e a particularidade das comunicações* — encontraremos estas preciosas informações:

> *Médiuns versejadores:* obtêm, mais facilmente do que outros, comunicações em versos. Muito comuns, para maus versos; muito raros, para versos bons.
>
> *Médiuns poéticos:* sem serem versificadas, as comunicações que recebem têm qualquer coisa de vaporoso, de sentimental; nada que mostre rudeza. São, mais do que os outros, próprios para a expressão de sentimentos ternos e afetuosos. Tudo, nas suas comunicações, é vago; fora inútil pedir-lhes ideias precisas. Muito comuns.

*Médiuns positivos:* suas comunicações têm, geralmente, um cunho de nitidez e precisão que muito se presta às minúcias circunstanciadas, aos informes exatos. Muito raros.

*Médiuns literários:* não apresentam nem o que há de impreciso nos médiuns poéticos, nem o terra a terra dos médiuns positivos; porém dissertam com sagacidade. Têm o estilo correto, elegante e, frequentemente, de notável eloquência.

Há também os médiuns chamados explícitos. Essa anotação situa-se também no capítulo XVI, porém, no item 192. 2º, e diz o seguinte: *Médiuns explícitos:* as comunicações que recebem têm toda a amplitude e toda a extensão que se pode esperar de um escritor consumado.

## Conselhos a Elisinha

O amável expositor fechou *O livro dos médiuns*, limpou os óculos e depois, voltando-se para sua neta Elisinha, concluiu:

— Há pouco, minha querida filha, você dizia que deseja ser médium escritor e poeta. É muito louvável esse desejo e eu faço votos para que você atinja tão belo ideal. Mas é necessário que desde agora você se convença de que não se é médium de qualquer especialidade apenas porque se deseja ser, mas sim se existir em nossa individualidade psíquica, ou espiritual, o germe dessa especialidade. Só o fato de ser psicógrafo não quer dizer que um médium possui todas as especialidades contidas na faculdade psicográfica.

"Nesse capítulo XVI de *O livro dos médiuns*, já indicado, existe extensa relação das especialidades mediúnicas e convém que você a leia com atenção a fim de se instruir e capacitar de tal princípio. Para ser médium poeta ou escritor será necessário que você possua as qualidades destacadas naquela relação. Se não as possuir e quiser forçá-las, só conseguirá maus versos e literatura vaga e imprecisa, como situa o mestre, ou seja, má literatura, o que absolutamente não convém à Doutrina e tampouco a você.

"De um modo geral, as ditas especialidades acompanham o Espírito do médium de outras etapas reencarnatórias. Trata-se de especialidades por ele adquiridas através do tempo, de uma sensibilidade mais trabalhada, graças às vidas sucessivas de lutas, sofrimentos e observações, um dom que se radicou em sua subconsciência, ou em sua alma, o que facilita o poeta ou escritor espiritual a dar a sua literatura através dele. É como se estes encontrassem um caminho mais fácil para trilhar, com a ação mediúnica. Tais médiuns foram, com toda a certeza, poetas e escritores em alguma encarnação anterior e, possivelmente, na vida espiritual, onde também se estudam artes e belas letras, segundo noticiários vindos até nós por via mediúnica.

"Nenhum de nós, minha filha, fará milagres nem mesmo com a nossa mediunidade. O que é certo, porém, e inegável é que um bom médium poderá apresentar feitos muito acima da própria capacidade intelectual, uma vez acionado por um bom Espírito, até mesmo receitas mediúnicas, se ele possuir a especialidade de receitista.

"Aconselho-a então ao amor ao estudo não só de *O livro dos médiuns*, mas de todas as obras de instrução doutrinária, a fim de que conheça as particularidades, os detalhes, todo o programa desse maravilhoso tesouro que se chama Doutrina dos Espíritos. Assim agindo, futuramente você poderá não ser propriamente um médium literário, mas poderá ser — quem sabe? — uma boa escritora espírita, pois nossos mestres espirituais muito necessitam de auxiliares terrenos nesse setor.

"Ao demais, nenhum médium recebe livros ditados pelos Espíritos porque queira. Trata-se de uma tarefa que ele recebeu dos planos superiores a fim de realizar, na Terra, um compromisso muito sério por ele assumido ao reencarnar. Às vezes, tal compromisso pode ser uma missão, outras vezes um resgate, pois sabemos que o amor e o trabalho também resgatam dívidas do passado, não somente a expiação. E, para bem realizar uma tarefa de tal importância, o médium necessitará de aplicar grande potencialidade de amor, de paciência e de trabalho. Outrossim, a observação tem demonstrado que o médium muito sofre em sua vida particular e precisa possuir grande fortaleza moral para vencer dificuldades e cumprir o compromisso assumido, embora muitas compensações espirituais receba dos guias espirituais e da Misericórdia de Deus. Para tudo isso é ele preparado, ou instruído, antes de reencarnar. Não sendo assim, ele não poderá exercer tão melindroso mandato.

"Para findar nossa conversação desta tarde, direi ainda que nunca esqueça o plano da beneficência ao próximo com a sua mediunidade, minha filha, se você mais tarde constatar em si mesma esse dom. A caridade cabe em toda parte e, para se ser médium literário ou poeta, ou de qualquer outra especialidade, não quer dizer que se deixe de laborar também no setor da caridade, pois é bom ficar sabendo, minha querida filha, que a prática do amor e da caridade para com os que sofrem também desenvolve, e muito bem, as nossas faculdades mediúnicas, sendo, igualmente, uma defesa, um precioso esteio que manterá sempre segura a nossa qualidade de transmissores dos conselhos e das bênçãos de Alto para os homens, sempre carentes de amparo e consolo."

Elisinha abraçou-se ao avô, chorando, e exclamou:

— Sim, sim, meu querido avô! Seguirei os seus conselhos! Ajude-me a ser boa para com os sofredores e a caminhar para Deus!

E mais uma reunião fraterna, em família, foi realizada naquela tarde, por entre doces emoções espirituais...

# 8

# A COMUNICAÇÃO DOS ESPÍRITOS

## Uma graça celeste

— A comunicação dos Espíritos com os homens existiu desde todos os tempos. Os livros dos povos mais antigos, inclusive a Bíblia Sagrada, falam dela milênios antes de Jesus Cristo. Não é, portanto, um acontecimento moderno, pois trata-se igualmente de uma lei da natureza, porque sempre existiu. Deus, na sua bondade para com os homens, permitiu a possibilidade de os Espíritos se comunicarem conosco, visando ao nosso consolo e à nossa instrução moral-espiritual, porquanto, podendo falar conosco, eles nos orientam e guiam, educando-nos para nosso progresso e, portanto, para nossa felicidade. Também os Espíritos que nos falam se sentem felizes por fazê-lo, pois lhes é meritório o fato de nos esclarecer, moralizar, consolar e ajudar nas horas de sofrimento e indecisões, através do intercâmbio mediúnico conosco — iniciou o Dr. Arnaldo Vasconcelos, na derradeira exposição doutrinária aos seus jovens netos e gentis acompanhantes. Dali a três dias todos regressariam aos seus próprios lares e essa reunião seria a última do programa estabelecido no mês anterior.

Encontravam-se reunidos não mais no salão de visitas, mas no parque ao redor da mansão, sentados em bancos ou pela relva dos canteiros. Era pela manhã, antes do almoço, e o ar estava festivo, acariciado por um sol ameno, que dourava as folhas dos arvoredos.

Com a pausa feita pelo expositor, a fim de se acomodar melhor na poltrona de vime em que se sentava, um dos presentes interrogou:

— Como pode um Espírito comunicar-se conosco? Ele aparece nas sessões e conversa com os assistentes? Podemos vê-lo? Ele se materializa para ditar as suas mensagens ou os seus pedidos e desejos?

— É justamente assim que pensa todo iniciante pouco informado sobre assuntos espíritas, mas não é dessa forma que se passa o fenômeno da comunicação, ou manifestação dos Espíritos. Por muitas maneiras os Espíritos podem comunicar-se.

"Por exemplo, eles podem ser vistos pelos médiuns videntes. Se se materializarem, todos os assistentes poderão vê-los. Em sessões comuns, esses fenômenos são raros, porque geralmente as materializações só se verificam em sessões especiais para esses trabalhos.

"Segundo as instruções de *O livro dos médiuns* e a experiência de uma multidão de pesquisadores e experimentadores espíritas, os Espíritos podem comunicar-se através das chamadas mesas falantes, método muito usado no século passado, no início do movimento espírita, e comunicar suas mensagens por meio de batidas no chão com os pés da mesa; por batidas nas paredes, no soalho, na madeira das portas; por toques de campainhas; pelas aparições, quer em sessões organizadas, quer, eventualmente, a qualquer hora do dia ou da noite; pelas materializações, pelos sonhos, pela escrita mecânica, isto é, pela mão do médium, ou psicografia; pela escrita direta, ou seja, sem a mão do médium; pela incorporação no médium e ainda por vários outros meios.

"Como disse antes, nossos irmãos do outro mundo também se comunicam através dos sonhos, muitas vezes dando-nos avisos importantes de acontecimentos que depois se realizam, e através dos médiuns chamados de incorporação, isto é, pela psicofonia; pela psicografia, pelos órgãos vocais de médiuns, chamados médiuns falantes, o que é o mais comum acontecer; pela intuição, pela inspiração, pela sugestão, pela vidência, pela audição, pela voz direta, ou seja, fazendo vibrar a sua voz no ar (ou vibração), fenômeno espontâneo que uma multidão tem conhecido, e pela voz direta em sessões organizadas a fim de provocar o fenômeno com o concurso de médiuns chamados médiuns de efeitos físicos, que ficam isolados em cabines apropriadas. Vivemos, portanto, rodeados de Espíritos desencarnados e com eles conversamos e por eles somos influenciados mais do que pensamos, razão pela qual devemos nos acautelar com o que falamos, pensamos e fazemos.

"Trata-se de um estudo belíssimo, meus jovens amigos, uma pesquisa, uma experimentação, aconselhando vocês a que a isso se dediquem daqui a mais alguns anos, pois é uma atividade nobre, que enaltece o trabalhador, eleva a cultura espírita e promove o progresso da humanidade, urgentemente necessitada de elevar-se para as coisas espirituais, as coisas de Deus. E tudo isso é a ação do Consolador sobre o nosso mundo. Quando Jesus prometeu que nô lo enviaria, disse também que ele, o Consolador, lembraria tudo quanto ele, Jesus, havia dito e ensinaria muitas coisas mais (João, 14:15 a 17 e 26).

"Como vemos, a comunicação dos Espíritos, o grande valor e o bem que ela encerra em proveito das criaturas necessitadas de progresso e as preciosas instruções que dela recebemos são alguns dos princípios dessa celeste Doutrina a que temos a graça de pertencer.

## Evocações

— Nesse belo tratado sobre médiuns e mediunidades, que é *O livro dos médiuns*, em seu capítulo XXV, o insigne mestre Allan kardec inicia assim o parágrafo 269 — *Considerações gerais:*

Os Espíritos podem comunicar-se espontaneamente, ou acudir ao nosso chamamento, isto é, vir por evocação. Pensam algumas pessoas que todos devem abster-se de evocar tal e tal Espírito e ser preferível que se espere aquele que queira comunicar-se. Fundam-se em que, chamando determinado Espírito, não podemos ter a certeza de ser ele quem se apresente, ao passo que aquele que vem espontaneamente, de seu moto próprio, melhor prova a sua identidade, pois que manifesta assim o desejo que tem de se entreter conosco. Na nossa opinião, isso é um erro: primeiramente, porque há sempre em torno de nós Espíritos, as mais das vezes de condição inferior, que outra coisa não querem senão comunicar-se; em segundo lugar, e mesmo por esta última razão, não chamar nenhum em particular é abrir a porta a todos os que queiram entrar. Numa assembleia, não dar a palavra a ninguém é deixá-la livre a toda a gente, e sabe-se o que daí resulta. A chamada direta de determinado Espírito constitui um laço entre ele e nós; chamamo-lo pelo nosso desejo e opomos assim uma espécie de barreira aos intrusos. Sem uma chamada direta, um Espírito nenhum motivo terá, muitas vezes, para vir confabular conosco, a menos que seja o nosso Espírito familiar.

"Esse capítulo XXV, chamado *Das evocações*, é de tal beleza e importância para a nossa instrução, que eu o recomendo desde este momento à atenção de todos vocês, quando realmente estiverem se habilitando para as operosidades mediúnicas. O mestre, porém, acrescenta que "Cada uma destas duas maneiras de operar tem suas vantagens e nenhuma desvantagem haveria, senão na exclusão absoluta de uma delas."

"Assim sendo, podemos evocar os Espíritos, se a nossa finalidade é a beneficência e o amor, e os temos realmente evocado. Por exemplo:

"Se necessitamos aplicar um passe ou pedir uma receita, ou uma consulta, ou uma orientação doutrinária, estamos evocando determinado Espírito, a fim de nos atender.

"Se realizamos um sessão de desobsessão, estamos evocando o obsessor deste ou daquele paciente, sob a proteção dos guias espirituais, o que é sempre eficiente para o bom êxito dos trabalhos, e também estamos evocando os nossos guias, a fim de protegerem a reunião.

"Se oramos por um determinado Espírito, sofredor ou não, é uma evocação que fazemos, tanto assim que o vemos, algumas vezes sentimos a sua presença e, se somos médiuns bem desenvolvidos, poderemos até mesmo confabular com ele ou escrever o que ele ditar.

"Se uma pessoa, em lágrimas, solicitar notícias de um ser amado desencarnado, evocamos, através de prece, essa entidade solicitada pela família; ela vem e responde ao apelo através de uma carta ou mensagem, ditada ao médium, ou vem o seu guia espiritual por ela.

"A própria prece é uma evocação, e se oramos ao nosso Criador, ao nosso Mestre Jesus, com amor, humildade e sinceridade, nós os estaremos evocando. Uma corrente magnética amorosa se estabelece e nossos apelos são atendidos, tanto assim que frequentemente obtemos os favores solicitados, quando nossos pedidos forem dignos de ser atendidos.

"Muito cuidado, porém, devemos ter nos pedidos que fizermos a Deus ou aos nossos guias, seja durante as sessões, seja particularmente, a sós conosco próprios, durante as nossas preces diárias."

## O QUE DEVEMOS E O QUE NÃO DEVEMOS PEDIR

— É justo que façamos pedidos ao nosso Criador e ao Mestre Jesus Nazareno e ainda aos nossos guias espirituais. Se os nossos pedidos forem sensatos, lícitos perante a Legislação divina, certamente que serão concedidos pela Bondade de nosso Pai que está nos Céus. Muitas provas temos desse atendimento, pois que são inumeráveis as vezes que temos obtido os favores que suplicamos ao Alto, ou a Deus. Esses pedidos, porém, devem ser emitidos com amor, humildade, respeito e sempre deixando à vontade de Deus a possibilidade ou não do atendimento, porquanto o que pedimos muitas vezes poderá antes prejudicar do que favorecer o nosso progresso espiritual e a nossa felicidade futura. Frequentemente suplicamos a Deus coisas insensatas e por isso não obtemos o que desejamos. Por exemplo:

"Podemos pedir alívio para nossos sofrimentos morais ou físicos e também para os sofrimentos do nosso próximo; forças morais e físicas para realizarmos nossos trabalhos neste mundo; a proteção de nossos guias; e alívio para sofredores encarnados e desencarnados. Podemos pedir forças para resistirmos às tentações do mundo, combatermos nossas imperfeições e sermos bons; também amparo para conseguirmos realizar nossas tarefas materiais e espirituais; auxílio para aprimorarmos nossas faculdades mediúnicas, se tal pedido não se mesclar de vaidade ou inveja de outros médiuns superiores a nós; podemos e devemos mesmo pedir forças para combatermos os maus pensamentos que nos assaltam e resistirmos às tentações; podemos até pedir o favor de uma colocação, se lutamos contra a adversidade do desemprego e sofremos as dificuldades daí decorrentes. Certamente, tais pedidos serão atendidos bem como outros igualmente sensatos e dignos de serem apresentados à Vontade de Deus.

"Mas não devemos pedir riquezas, nem posições elevadas na sociedade, nem a revelação do nosso passado espiritual e, ainda menos, do nosso futuro. Tais pedidos provocam mistificações, tornando-nos vítimas das galhofas dos Espíritos mistificadores, que se divertem à custa da nossa vaidade de supor que fomos reis e príncipes quando, em verdade, nada disso fomos. Não devemos pedir que um ser querido pelo nosso coração, que esteja enfermo, seja poupado da morte, mas sim depositar confiança na misericórdia de nosso Pai e Criador e a Ele entregar o nosso enfermo querido, pois a morte — ou desencarnação — é um acontecimento natural estabelecido pela Lei divina, a qual precisamos e devemos compreender e acatar com serenidade e confiança em Deus.

"Não devemos tampouco pedir glórias e sucessos terrenos, mas sim forças para cumprirmos nosso dever, trabalhando com dedicação e perseverança no setor que nos cabe, seja material, seja espiritual; nem casamento com este ou aquele, com esta ou aquela, devendo depositar nosso destino sob a proteção do Alto e dos nossos guias espirituais.

"Enfim, nossos pedidos a Deus devem ser respeitosos, razoáveis e sérios, para que não passemos pela decepção de não sermos atendidos em nossas pretensões.

"Conheci uma pessoa em minha mocidade que, indispondo-se com certos vizinhos, passou a detestá-los. Esperava, então, a hora do Ângelus a fim de orar e pedir aos céus *punições* para esses desafetos. Mas quem foi *punida* foi ela própria, porque uma série de provações perseguiu-a durante longo tempo. Sua oração nada mais foi que um desrespeito a Deus, blasfêmias contra as coisas santas e o próximo. Jamais devemos proceder assim, porque assumiremos grandes responsabilidades perante a Lei de Deus. A prece é um ato de amor e piedade, sua finalidade é a beneficência, a troca de vibrações amorosas e fraternas.

"Assim sendo, meus caros amigos, aconselho a todos vocês orar com critério a fim de serem edificados pelas preces que fizerem. A prece é poderosa evocação. Quando oramos, estamos em presença do nosso Criador, do nosso amado Mestre Jesus Cristo e em comunicação com os nossos guias espirituais. Por tudo isso devemos nos portar como indivíduos que realmente desejam progredir para obter a benevolência do Alto".

Mas, vovó chamava para o almoço e tivemos de atendê-la. Foi essa, portanto, a última conversação doutrinária que tivemos com o nosso querido avô durante as férias daquele ano, na Granja Feliz, a encantadora fazendola do vovô e da vovó.

\* \* \*

*Entre as causas que podem impedir a manifestação de um Espírito, umas lhe são pessoais e outras, estranhas. Entre as primeiras, devem colocar-se as ocupações ou missões que esteja desempenhando e das quais não pode se afastar para ceder aos nossos desejos. Neste caso, sua visita apenas ficará adiada.* (KARDEC, Allan. *O livro dos médiuns*. Cap. XXV, it. 275).

# 9

# A VOZ DO CONSOLADOR

— No livro *O evangelho segundo o espiritismo*, de Allan Kardec, existe uma série de mensagens educativas e consoladoras intituladas *Instruções dos Espíritos*, completando as dissertações do autor — continuou o Dr. Vasconcelos, após os comentários sobre os variados modos de os Espíritos se comunicarem com os homens.

"Essas mensagens são comunicações de Espíritos superiores, os mesmos que revelaram a Doutrina Espírita ao seu codificador, e de alguns outros, seus colaboradores no testemunho da sobrevivência da vida além do túmulo e da imortalidade da alma humana.

"Ora, lembro-me de que, um dia, durante os longínquos dias da minha adolescência, meu pai, que foi o meu primeiro expositor de Evangelho e Doutrina Espírita, fez-me elaborar um álbum com várias transcrições das mensagens contidas nesse belo código de amor e moral, onde as virtudes do cristão e do espírita são apontadas e aconselhadas, e o dever de cada um descrito como urgência imperiosa que devemos observar a cada dia da nossa vida. E isso — dizia o meu saudoso pai — para que vocês se habituem desde cedo a conhecer e amar esse belo volume, joia da literatura cristã-espírita, como o amigo e conselheiro de todas as horas, pois se um de vocês, meus filhos, conseguir, numa só existência, assimilar e reter no coração os ensinamentos contidos ali, eu me sentirei feliz onde quer que se encontre o meu Espírito, porque esse filho estará no caminho da própria redenção, que levará a Deus".

"Fizemos, então, o álbum, o qual ainda hoje conservo, porque ele foi como que o estímulo que fez nos arrojássemos à conquista dos conhecimentos transmitidos pelo Consolador prometido por Jesus há dois mil anos.

"Prestai atenção! Aqui estão alguns trechos daquelas consoladoras mensagens, que passarei a ler para vocês ouvirem:

\* \* \*

Sobre o convite do Consolador:

Venho, como outrora aos transviados filhos de Israel, trazer-vos a verdade e dissipar as trevas. Escutai-me: o Espiritismo, como o fez antigamente a minha palavra, tem de lembrar aos incrédulos que acima deles reina a imutável verdade: o Deus bom, o Deus grande, que faz germinem as plantas e se levantem as ondas. Revelei a Doutrina divinal. Como um ceifeiro, reuni em feixes o bem esparso pela humanidade e disse: "Vinde a mim, todos vós que sofreis." (*O Espírito de Verdade* — Cap. VI, it. 5).

\* \* \*

Espíritas! Amai-vos, este o primeiro ensinamento; instruí-vos, este o segundo. No Cristianismo encontram-se todas as verdades; são de origem humana os erros que nele se enraizaram. Eis que do Além-túmulo, que julgáveis o nada, vozes vos clamam: "Irmãos! Nada perece! Jesus Cristo é o vencedor do mal, sede os vencedores da impiedade." (*O Espírito de Verdade* — Cap.VI, it. 5).

\* \* \*

[...] Orai e crede! pois que a morte é a ressurreição, sendo a vida a prova buscada e durante a qual as virtudes que tiverdes cultivado crescerão e se desenvolverão como o cedro. (*O Espírito de Verdade* — Cap. VI, it. 5).

\* \* \*

Sou o grande médico das almas e venho trazer-vos o remédio que vos há de curar. Os fracos, os sofredores e os enfermos são os meus filhos prediletos. Venho salvá-los. Vinde, pois, a mim, vós que sofreis e vos achais oprimidos, e sereis aliviados e consolados. Não busqueis alhures a força e a consolação, pois que o mundo é impotente para dá-las. Deus dirige um supremo apelo aos vossos corações, por meio do Espiritismo. Escutai-o. Extirpados sejam de vossas almas doloridas a impiedade, a mentira, o erro, a incredulidade. São monstros que sugam o vosso mais puro sangue e que vos abrem chagas quase sempre mortais. Que, no futuro, humildes e submissos ao Criador, pratiqueis a sua Lei divina. Amai e orai; sede dóceis aos Espíritos do Senhor; invocai-o do fundo de vossos corações. Ele, então, vos enviará o seu Filho Bem-amado, para vos instruir e dizer estas boas palavras: "Eis-me aqui; venho até vós, porque me chamastes." (O Espírito de Verdade — Cap. VI, it. 7).

\* \* \*

Sobre a caridade:

Sede bons e caridosos: essa a chave dos céus, chave que tendes em vossas mãos. Toda a eterna felicidade se contém neste preceito: "Amai-vos uns aos outros". Não pode a alma elevar-se às altas regiões espirituais senão pelo devotamento ao próximo; somente nos arroubos da caridade encontra ela ventura e consolação. Sede bons, amparai os vossos irmãos, deixai de lado a horrenda chaga do egoísmo. Cumprindo esse dever, abrir-se-vos-á o caminho da felicidade eterna. [...] (*São Vicente de Paulo* — Cap. XIII — it. 12).

\* \* \*

A caridade é a virtude fundamental sobre que há de repousar todo o edifício das virtudes terrenas. Sem ela não existem as outras. Sem a caridade não há esperar melhor sorte, não há interesse moral que nos guie; sem a caridade não há fé, pois a fé não é mais do que pura luminosidade que torna brilhante uma alma caridosa. (*São Vicente de Paulo* — Cap. XIII, it. 12).

\* \* \*

[...] Pode-se ser caridoso mesmo com os parentes e os amigos, sendo uns indulgentes para com os outros, perdoando-se mutuamente as fraquezas, cuidando não ferir o amor próprio de ninguém. Vós, espíritas, podeis sê-lo na vossa maneira de proceder para com os que não pensam como vós, induzindo os menos esclarecidos a crer, mas sem os chocar, sem investir contra as suas convicções e, sim, atraindo-os amavelmente às nossas reuniões, poderão ouvir-nos e onde saberemos descobrir em seus corações a brecha para nele penetrarmos. Eis aí um dos aspectos da caridade. (*Cárita*, martirizada em Roma — Cap. XIII, it. 14).

\* \* \*

Meus caros amigos, todos os dias ouço entre vós dizerem: Sou pobre, não posso fazer a caridade. E todos os dias vejo que faltais com a indulgência aos vossos semelhantes. Nada vos perdoais e vos arvorais em juízes muitas vezes severos, sem quererdes saber se ficaríeis satisfeitos que do mesmo modo procedessem convosco. Não é também caridade a indulgência? Vós, que apenas podeis fazer a caridade praticando a indulgência, fazei-a assim, mas fazei-a largamente. [...] (*Um Espírito protetor* — Cap. XIII, it. 15).

\* \* \*

Todos vós que podeis produzir, dai; dai o vosso gênio, dai as vossas inspirações, dai o vosso coração, que Deus vos abençoará. Poetas, literatos, que só pela gente mundana sois lidos!... satisfazei-lhes aos lazeres, mas consagrai o produto de algumas de vossas obras a socorrer os desgraçados. Pintores, escultores, artistas de todo os gêneros!... venha também a vossa inteligência em auxílio dos vossos irmãos; não será por isso menor a vossa glória e alguns sofrimentos haverá de menos. (*João* — cap. XIII, it. 16).

\* \* \*

Sobre a fé:

Para ser proveitosa, a fé tem de ser ativa; não deve entorpecer-se. Mãe de todas as virtudes que conduzem a Deus, cumpre-lhe velar atentamente pelo desenvolvimento dos filhos que gerou.

A esperança e a caridade são corolários da fé e formam com esta uma trindade inseparável. Não é a fé que faculta a esperança na realização das promessas do Senhor? Se não tiverdes fé, que esperareis? Não é a fé que dá o amor? Se não tendes fé, qual será o vosso reconhecimento e, portanto, o vosso amor?

Inspiração divina, a fé desperta todos os instintos nobres que encaminham o homem para o bem. É a base da regeneração. Preciso é, pois, que essa base seja forte e durável, porquanto, se a mais ligeira dúvida a abalar, que será do edifício que sobre ela construirdes? [...] (*José, Espírito protetor* — Cap. XIX, it. 11).

\* \* \*

A fé é humana ou divina, conforme o homem aplica suas faculdades à satisfação das necessidades terrenas, ou das suas aspirações celestiais e futuras. O homem de gênio, que se lança à realização de algum grande empreendimento, triunfa se tem fé, porque sente em si que pode e há de chegar ao fim colimado, certeza que lhe faculta imensa força. O homem de bem que, crente em seu futuro celeste, deseja encher de belas e nobres ações a sua existência, haure na sua fé, na certeza da felicidade que o espera, a força necessária, e ainda aí se operam milagres de caridade, de devotamento e de abnegação. Enfim, com a fé, não há maus pendores que se não chegue a vencer. (*Um Espírito protetor* — Cap. XIX, it. 12).

\* \* \*

## Sobre a paciência:

A dor é uma bênção que Deus envia a seus eleitos; não vos aflijais, pois, quando sofrerdes; antes, bendizei de Deus onipotente que, pela dor, neste mundo, vos marcou para a glória no céu.

Sede pacientes. A paciência também é uma caridade e deveis praticar a lei de caridade ensinada pelo Cristo, enviado de Deus. A caridade que consiste na esmola dada aos pobres é a mais fácil de todas. Outra há, porém, muito mais penosa e, consequentemente, muito mais meritória: *a de perdoarmos aos que Deus colocou em nosso caminho para serem instrumento do nosso sofrer e para nos porem à prova a paciência.* (*Um Espírito amigo* — Cap. IX, it. 7).

\* \* \*

## Sobre o quarto mandamento:

Honrar a seu pai e a sua mãe não consiste apenas em respeitá-los; é também assisti-los na necessidade; é proporcionar-lhes repouso na velhice; é cercá-los de cuidados como eles fizeram conosco na infância.

Sobretudo para com os pais sem recursos é que se demonstra a verdadeira piedade filial. [...] (*Comentário de Allan Kardec* — Cap. XIV, it. 3).

\* \* \*

[...] Esse dever se estende naturalmente às pessoas que fazem as vezes de pai e de mãe, as quais tanto maior mérito têm quanto menos obrigatório é para elas o devotamento. Deus pune sempre com rigor toda violação desse mandamento. (*Comentário de Allan Kardec* — Cap. XIV, it. 3).

\* \* \*

Ai, pois, daquele que olvida o que deve aos que o ampararam em sua fraqueza, que com a vida material lhe deram a vida moral, que muitas vezes se impuseram duras privações para lhe garantir o bem-estar. Ai do ingrato: será punido com a ingratidão e o abandono; será ferido nas suas mais caras afeições, *algumas vezes já na existência atual*, mas com certeza noutra, em que sofrerá o que houver feito aos outros. (*Comentário de Allan Kardec* — Cap. XIV, it. 3).

\* \* \*

Sobre a prece:

Pela prece obtém o homem o concurso dos bons Espíritos que acorrem a sustentá-lo em suas boas resoluções e a inspirar-lhes ideias sãs. Ele adquire, desse modo, a força moral necessária a vencer as dificuldades e a volver ao caminho reto, se deste se afastou. Por esse meio, pode também desviar de si os males que atrairia pelas suas próprias faltas. [...] (*Comentário de Allan Kardec* — Cap. XXVII, it. 11).

\* \* \*

A vossa prece deve conter o pedido das graças de que necessitais, mas de que necessitais em realidade. Inútil, portanto, pedir ao Senhor que vos abrevie as provas, que vos dê alegrias e riquezas. Rogai-lhe que vos conceda os bens mais preciosos da paciência, da resignação e da fé. [...] (*V. Monod* — Cap. XXVII, it. 22).

\* \* \*

[...] A prece! ah!... como são tocantes as palavras que saem da boca daquele que ora! A prece é o orvalho divino que aplaca o calor excessivo das paixões. Filha primogênita da fé, ela nos encaminha para a senda que conduz a Deus. No recolhimento e na solidão, estais com Deus. Para vós, já não há mistérios; eles se vos desvendam. Apóstolos do pensamento, é para vós a vida. Vossa alma se desprende da matéria e rola por esses mundos infinitos e etéreos que os pobres humanos desconhecem. (*Santo Agostinho* — Cap. XXVII, it. 23).

\* \* \*

Vinde, vós que desejais crer. Os Espíritos celestes acorrem a vos anunciar grandes coisas. Deus, meus filhos, abre os seus tesouros para vos outorgar todos os benefícios. Homens incrédulos! Se soubésseis quão grande bem faz a fé ao coração e como induz a alma ao arrependimento e à prece! [...] (*Santo Agostinho* — Cap. XXVII, it. 23).

\* \* \*

Sobre a virtude:

A virtude, no mais alto grau, é o conjunto de todas as qualidades essenciais que constituem o homem de bem. Ser bom, caritativo, laborioso, sóbrio, modesto, são qualidades do homem virtuoso. Infelizmente, quase sempre as acompanham pequenas enfermidades morais que a desornam e atenuam. Não é virtuoso aquele que faz ostentação da sua virtude, pois que lhe falta a qualidade principal, a modéstia, e tem o vício que mais se lhe opõe, o orgulho. [...] (*François-Nicolas-Madeleine* — Cap. XVII, it. 8).

\* \* \*

[...] A virtude é uma graça que desejo a todos os espíritas sinceros. Contudo, dir-lhes-ei: Mais vale pouca virtude com modéstia do que muita com orgulho. Pelo orgulho é que as humanidades sucessivamente se hão perdido; pela humildade é que um dia elas se hão de redimir. (*François-Nicolas-Madeleine* — Cap. XVII, it. 8).

\* \* \*

Sobre os órfãos:

Meus irmãos, amai os órfãos. Se soubésseis quanto é triste ser só e abandonado, sobretudo na infância! Deus permite que haja órfãos para exortar-nos a servir-lhes de pais. Que divina caridade amparar uma pobre criaturinha abandonada, evitar que sofra fome e frio, dirigir-lhe a alma, a fim de que não desgarre para o vício! Agrada a Deus quem estende a mão a uma criança abandonada, porque compreende e pratica a sua Lei. Ponderai também que muitas vezes a criança que socorreis vos foi cara noutra encarnação, caso em que, se pudésseis lembrar-vos, já não estaríeis praticando a caridade, mas cumprindo um dever. [...] (*Um Espírito familiar* — Cap. XIII, it. 18).

\* \* \*

— E assim foi — concluiu o expositor, Dr. Arnaldo Vasconcelos — que escrevemos o nosso álbum, recomendado por meu pai. Vários outros belos trechos da palavra do Consolador passamos para aquelas páginas queridas, mas seria longo continuar lendo-as aqui, agora, para vocês. O melhor é vocês mesmos lê-las naquele volume *O evangelho segundo o espiritismo,* porque muito terão a lucrar. Será como que o pão espiritual que alimentará o coração de todos vocês durante as lutas das existências.

"Cada um de nós preparou o álbum segundo o nosso próprio gosto, o que nos abrigou a pesquisar, nas páginas desse livro admirável, os elementos para compô-lo. Foi uma excelente experiência para todos nós, pois com esse trabalho adquirimos noções preciosas sobre a Doutrina a que desde cedo nos filiamos e gosto e entusiasmo para prosseguir no aprendizado que fazíamos.

"Muitos outros educativos e comoventes trechos de comunicações de Espíritos guias e instrutores espirituais serão encontrados nas páginas dos livros básicos da Doutrina Espírita, isto é, os livros da Codificação do Espiritismo feita por Allan Kardec, onde muito aprenderemos. Bastará que os estudemos com amor e boa vontade... e uma vida nova, de progresso, de luzes morais e espirituais, raiará nos horizontes de nossa vida...

\* \* \*

*Bem-aventurados os que têm fome e sede de justiça,*
*porque serão fartos. — Jesus.* (MATEUS, 5:6).

# 10

# CONCLUSÃO

### A PARTIDA

As páginas que aí ficam encerram, abreviadamente, as últimas exposições doutrinárias que recebemos de meu avô e de minha tia Isabela, durante nossas últimas férias passadas na Granja Feliz, a aprazível e pequenina estância de nossos avós.

Como foram gratos aos nossos corações aqueles dias plenos de fraternidade e alegrias! Jamais os esqueceremos!

Mas rompera o mês de março e seria necessário regressar ao lar, a fim de continuarmos os estudos no ginásio.

Mamãe e papai haviam chegado à granja no sábado, pela manhã, conforme esperávamos.

No domingo, à tarde, Carlos e Elisinha, nossos amiguinhos Dirceu e Ronaldo e eu deixamos a fazendola.

Não foi sem lágrimas que abraçamos aqueles queridos amigos de infância que lá ficaram, nossos companheirinhos de estudos evangélico--espíritas, nossos queridos irmãos de ideal espírita.

Manoelzinho, Chiquinho, Ceci, Ricardinho, já completamente curado da paralisia das pernas; Leila Barbosa, a prima Lilásea, as sete Marias, seu irmão Luís Antônio, todos, todos lá estavam, na estação ferroviária, acompanhando-nos, já saudosos, até o último momento. Houve lágrimas e promessas de fidelidade à estima que nos unia e de correspondência epistolar assídua.

Mas todos nos sentíamos felizes.

Nossa vida, agora, se transformaria. Estávamos em idade de preparar o futuro a fim de conseguirmos situação definida na sociedade. Nossa responsabilidade era grande, pois conviria que, nas lutas e asperezas da vida social cotidiana, déssemos testemunhos bons de nossa Doutrina e a difundíssemos com amor, respeito e sensatez, sempre que fosse oportuno, porquanto seria esse o nosso dever e para isso nos habilitávamos, como outrora fizeram os primeiros cristãos e os nossos antepassados do Espiritismo.

Sentíamo-nos então cheios de esperança e animados pelo dever que nos cumpria como jovens espíritas.

Titia Isabela regressou conosco.

Vovó e vovô ainda se demorariam na Granja Feliz. E nós outros, amparados pelos bons Espíritos, a quem muito amávamos e respeitávamos, contemplávamos as paisagens que se sucediam aos nossos olhos, enquanto o trem corria, e pensávamos: Afinal, Bom Deus, somos uns jovenzinhos felizes! Possuímos um grande ideal religioso e humanitário em nossos corações, temos noções seguras da moral que devemos observar, velando pela nossa vitória social e espiritual, no difícil mundo em que vivemos...

Deus seja louvado!

\* \* \*

E foi assim que Eneida encerrou o seu diário daquele ano...

*Assim, brilhe a vossa luz diante dos homens; que eles vejam as vossas boas obras, e glorifiquem o vosso Pai que está nos Céus.*
— *Jesus.* (MATEUS, 5:16).

# Referências

BÍBLIA. Português. *Bíblia sagrada*. Tradução: João Ferreira de Almeida. ed. rev. e atualizada. Rio de Janeiro: Sociedade Bíblica do Brasil, 1959.

KARDEC, Allan. *O evangelho segundo o espiritismo*. 41. ed. Rio de Janeiro: Federação Espírita Brasileira, 1953.

_____. *A gênese*. 14. ed. Rio de Janeiro: Federação Espírita Brasileira, 1962.

_____. *O livro dos espíritos*. 18. ed. Rio de Janeiro: Federação Espírita Brasileira, 1942.

_____. *O livro dos médiuns*. 28. ed. Rio de Janeiro: Federação Espírita Brasileira, 1964.

DENIS, Léon. *No invisível*. 6. ed. Rio de Janeiro: Federação Espírita Brasileira, 1957.

LIMA, Hildebrando de; BARROSO, Gustavo. *Pequeno dicionário brasileiro da língua portuguesa*. São Paulo: Civilização Brasileira, 1943.

ROPS, Daniel. *A igreja dos apóstolos e dos mártires*. Porto: Livraria Tavares Martins, 1960.

_____. *História do povo bíblico*. Porto: Livraria Tavares Martins, 1945.

CONFIRA NOSSO PRÓXIMO LANÇAMENTO

CONTOS AMIGOS

# 1

## O BOM PASTOR

Neste capítulo, serão relatados quatro temas: Nicolau; A ovelha fujona; O lobo da montanha; e A volta ao aprisco.

### 1.1 Nicolau

Num antigo país do norte da Europa, onde caía muita neve e fazia muito frio, há muitos anos passados, existia um pastor de ovelhas chamado Nicolau.

Nicolau era um homem bondoso, crente em Deus e possuidor de muito boas qualidades do coração. Para ser assim bondoso, o homem precisa ser amável, caridoso para com o seu próximo, amoroso para a família, honesto, trabalhador, etc.

Nicolau possuía cem ovelhas brancas, muito bonitas e gordinhas. Tanto amor ele sentia por elas que, aos domingos, ele se punha a desembaraçar a lã que as cobria com uma escova de arame feita por ele próprio, retirando delas os carrapichos e carrapatos que porventura pegassem no seu couro.

No pescoço das ovelhas ele amarrava uma cordinha prendendo um sininho que se chamava cincerro. Quando as ovelhinhas caminhavam depressa, o cincerro balançava e repicava assim: delém-delém-delém-delém-delém-delém...

Se elas caminhavam um pouco mais devagar, os sininhos também mais devagar: delém-delém-delém-delém-delém-delém...

E quando elas postavam, cada vez que arrancavam do chão um bocado de capim ou de feno, o sininho apenas dizia: delém-delém-delém-delém-delém-delém...

Nicolau gostava de ouvir essa música e sorria contemplando as suas ovelhas no campo o dia todo. Sentia-se inspirado também ao ouvi-las, e por isso retirava de uma sacola de couro, que sempre levava consigo, a sua flauta de madeira e punha-se a tocar umas melodias muito doces, próprias do campo, isto é, bucólicas.

Ele era casado com uma moça muito boa e linda, chamada Luciana, que usava duas tranças louras muito brilhosas. Luciana amarrava um laço de fita azul em cada trança e as deixava à frente, caídas sobre o peito, uma de cada lado, em vez de deixá-las para trás. Nicolau achava as tranças de sua mulher uma beleza e dizia consigo mesmo:

— As tranças de minha mulher são a minha alegria...

O pastor tinha um filho chamado André. Era um lindo menino de três anos de idade. Adorava os pais e os pais também o adoravam. Todas as manhãs, mal o sol se levantava no horizonte, Nicolau levava as suas ovelhinhas para pastar num campo macio e muito verde, rico de feno e capim, na orla da floresta. Bem perto corria um ribeirinho de águas muito claras e frescas, que brilhavam quando o Sol se refletia nelas. Nesse ribeirinho as ovelhas bebiam água e ele próprio também bebia, pois a água era fresca e muito pura porque descia de umas montanhas que se erguiam ao longe.

Com ele ia também para o campo o cão vigia chamado Xugo-Nugo, cão de raça, muito valente, que não temia as raposas nem os lobos da montanha, mas que era bonzinho para o dono e as ovelhas e ajudava o pastor a zelar pelo rebanho.

Nicolau levava o seu almoço para o campo, arrumado cuidadosamente em um bornal. Levava o chá numa garrafa, levava o cajado e o seu manto de lã grossa, pois a terra dele era muito fria. Levava também uma trombeta feita de chifre de touro para chamar as ovelhas quando elas se distanciavam dele e quando era preciso reuni-las para regressarem ao estábulo.

Nessa ocasião, Nicolau soprava na trombeta e a trombeta soava assim: pu... pu-pu... pu-pu-pu-pu... pu-pu... pu-pu...

As ovelhinhas ouviam de longe, corriam e vinham para junto dele, balançando o sininho do pescoço, e marchavam todas, com ele, para casa.

Nicolau ia à frente, guardando as ovelhas. O cão ia atrás, vigiando para que nenhum lobo ou nenhum urso surpreendesse as ovelhas, e estas iam no meio.

De longe, Luciana avistava-os, abria o portão e esperava. O portão era pequeno e possuía uma repartição tão hábil que somente podia passar por ela uma ovelha de cada vez. Era nesse momento que Nicolau e sua mulher contavam as ovelhas.

Era preciso contá-las todos os dias, porque se faltasse apenas uma seria preciso o bom pastor voltar ao campo a fim de procurá-la.

Uma vez em casa, as ovelhinhas eram reunidas no estábulo, lugar muito confortável que Nicolau fizera para elas. Ali havia capim, alfafa, milho, água, tudo de que elas necessitassem, e depois elas dormiam.

O cão vigia, o Xugo-Nugo, com outros cães comandados por ele, tomava conta de tudo, no enorme quintal. Eram três cães, além do Xugo-Nugo: Barxiquiri, Cossaco e a cadela Florcheirosa, mais brava e valente do que os outros três.

Depois do jantar, Nicolau sentava-se à beira da lareira, fazia as orações, conversava com a mulher, a Luciana das lindas tranças louras amarradas com fita azul e jogadas para frente, em vez de para trás, e cantava baixinho para adormecer o filhinho, que ficava no colo dele. De outras vezes, visitava os vizinhos, ou era visitado por eles, cantavam juntos, tocavam violão, conversavam, tomavam chá ou comiam uma ceiazinha, antes de se recolherem para dormir. E no dia seguinte, e durante o ano inteiro, a mesma coisa se repetia.

Nicolau era feliz com a família, com o trabalho, com os vizinhos e com as suas queridas ovelhas. Com os cães, as galinhas e os gansos ele era feliz também.

Do leite das ovelhas ele e sua mulher faziam queijos e requeijões, que eram vendidos na cidade juntamente com os ovos das galinhas e os frangos. Da lã, que cobria o corpo das ovelhas, eles faziam cobertores, mantos, paletós e diversos agasalhos para o inverno e os vendiam também.

Era uma vida simples e honesta, abençoada por Deus.

## 1.2 A OVELHA FUJONA

Um dia, porém, aconteceu uma coisa imprevista.

Nicolau fora para o campo com as ovelhinhas e o cão Xugo-Nugo, como de costume.

Tudo correra bem e calmamente durante o dia.

À hora do regresso, como de hábito, ele tomou da trombeta e chamou as ovelhas, como fazia sempre: pu... pu-pu... pu-pu-pu-pu... pu--pu... pu-pu...

As ovelhinhas ouviram de longe e correram para junto dele. Enquanto elas corriam, o sininho do pescoço, chamado cincerro, tocava sem parar, muito depressa:

Delém-delém-delém-delém-delém...

O pastor pegou o manto, o bornal, já vazio, e o cajado e disse ao cão:

— Vamos embora, Xugo-Nugo...

O cão atendeu como se fosse uma pessoa, colocou-se atrás do rebanho enquanto o dono se colocava à frente e começaram todos a marchar de volta a casa.

Uma das ovelhinhas, porém, justamente a mais branquinha e mimosa, que sabia balir com mais doçura, e cujo sininho do pescoço embalançava com mais meiguice, não quis ir para junto do bom pastor. Estava descansando à sombra de um arbusto, meio oculta pela folhagem, ruminando preguiçosamente.

Talvez ela até pensasse assim, em vez de falar, pois os animais não falam como os homens falam. Na verdade, os animais também são criaturas de Deus, mas ainda não receberam das Leis divinas o dom da palavra. Eles apenas possuem uma voz para se entenderem uns com os outros. Talvez até a ovelhinha meditasse assim:

— Hoje eu quero é passear. Não quero ficar presa naquele estábulo. Quero vagar por este prado, que é tão lindo e macio, e ver o luar refletido nas águas do ribeirinho... Não vou! Não quero ir para a casa e não vou mesmo!

E não foi!

Nicolau distanciou-se com as outras, e quando a branquinha percebeu que eles já iam longe, levantou-se e começou a passear pelo prado sozinha, enquanto o sininho repetia: delém-delém-delém...delém--delém-delém...delém-delém-delém-delém...

Quando chegou em casa, Nicolau contou as ovelhas no portãozinho que só deixava passar uma de cada vez:

— Uma, duas, três... dez... trinta... sessenta... oitenta... noventa e nove...

— Falta uma, Nicolau, falta uma! — exclamou Luciana, que o ajudava a contar, a Luciana das tranças louras amarradas com fita azul e jogadas para frente, sobre o peito, em vez de para trás.

— Ah! Falta mesmo! Justamente é a branquinha, que come o milho nas mãozinhas do André, tão mansinha! Voltaram só noventa e nove! Preciso voltar ao campo para procurar a ovelhinha, meu Deus! Preciso ir depressa... Se anoitecer antes de minha chegada lá, o lobo descerá da montanha e poderá devorá-la...

Nicolau ficou muito aflito e disse à mulher:

— Luciana, meu bem, guarda as ovelhas no aprisco para mim, arruma tudo aí, não tenho tempo a perder, preciso encontrar a ovelha fujona...

E saiu com muita pressa, levando o manto, a trombeta e o cajado.

— Leva os cachorros para ajudarem, homem, não vá sozinho — gritou de longe a linda Luciana, que pensava em tudo.

Nicolau já ia saindo do portão, mas parou um instante e chamou:

— Xugo-Nugo, cá! Cá! Aqui! Barxiquiri! Cossaco! Aqui! Aqui! Florcheirosa! Cá! Cá! Aqui!

Os quatro cães vieram correndo, satisfeitos, latindo ao perceberem que o dono precisava deles e cientes de que podiam ajudá-lo. Os cães são muitos inteligentes e compreendem facilmente o que os donos lhes dizem.

Florcheirosa, que era mais esperta e brava do que os companheiros, foi à frente, cheirando sempre o chão para se orientar, pois já compreendera que o dono voltaria ao campo. E cheirava o chão para encontrar a direção deixada pelo rastro das próprias ovelhas. Os outros seguiam-na latindo sempre, como numa caçada, e todos tomavam a direção do prado.

### 1.3 O LOBO DA MONTANHA

Enquanto tudo isso se passava em casa, o que teria acontecido à ovelha branquinha?

É o que vamos ver.

Vendo-se sozinha, a fujona levantou-se, como já dissemos, coçou as orelhas várias vezes, com o pé, e depois se pôs a caminhar vagarosamente. Chegou à borda do ribeirinho e bebeu água. Saiu da água, deu uns berrinhos muito meigos e começou a pastar novamente.

O silêncio era completo no prado. Os pássaros já tinham se recolhido aos ninhos e por isso não cantavam mais. As sombras da tarde começaram a escurecer a Terra e no alto espaço a Lua crescente brilhava docemente.

De repente a fujona ouviu uma coisa horrível! Um lobo começou a uivar no alto da montanha.

Os lobos são terríveis animais carnívoros, muito selvagens, do gênero cão (*Canis lupus*). Estão sempre famintos, gostam de atacar ovelhas, cabras, galinhas, cavalos, bezerros, crianças e pessoas adultas.

O lobo descia da montanha uivando: auuu!... auuu!... auuu!...

Desde muito tempo ele observava a branquinha lá de cima. Quando a viu sozinha, desceu.

Vendo que o feroz animal vinha ao seu encontro, a ovelha berrou várias vezes, cheia de pavor, como se pedisse socorro. Os animais também compreendem o perigo e se assustam, e sentem medo. Ela correu para um lado e para outro, sem saber o que fazer. Mas, correndo, o sininho do pescoço, chamado cincerro, batia com força, indicando ao lobo onde ela se encontrava. Subitamente, encheu-se de coragem e começou a correr desesperadamente. O lobo, morto de fome, corria atrás dela.

Ela correu, correu, correu, e o lobo atrás. De repente, porém, a branquinha ouviu a corneta do bom pastor que, bem perto dela, tocava para chamá-la e orientá-la: pu... pu-pu... pu-pu-pu... pu-pu... pu-pu...

A pobrezinha correu ainda um pouco, cheia de coragem, procurando a direção do pastor, guiada pela música da trombeta.

Já agora os cães latiam muito perto. Ela deu mais uns berrozinhos, o lobo já ia agarrá-la. Mas nisso ela tropeçou nuns galhos de árvores que estavam pelo chão e foi parar no fundo do fosso.

O lobo, faminto a mais não poder, ia saltar sobre ela, mas... viu os quatro terríveis cães correndo para ele.

Os cães eram tão ferozes quanto os lobos, quando se tratava de corrigir um inimigo. Florcheirosa, rápida como um raio, foi a primeira a atacar. E todos eles chegaram, morderam o lobo, brigaram com ele, brigaram, brigaram, brigaram numa algazarra infernal, jogaram o lobo no chão, de barriga para cima, morderam o rabo dele, as orelhas, as pernas, o focinho, foi um horror, uma carnificina!

Quando pôde escapar, o pobre lobo fugiu correndo desesperado, latindo e uivando de dor. Florcheirosa foi atrás, com raiva, correndo como louca para brigar mais, segurou o rabo dele com os dentes e só deixou quando Nicolau gritou de longe!

— Florcheirosa! Florcheirosa! Volta! Chega! Aqui! Aqui! Vem aqui! Cá!... Cá!...

Ela voltou, cansada, escorrendo sangue, pois o lobo a mordera também, mas, satisfeita, abanando a cauda e rindo, mostrando a língua e os dentes, pois os cães também riem, quando estão satisfeitos.

Nicolau fez um agradinho a ela e aos outros, como se dissesse:

— Muito obrigado, queridos amigos!

## 1.4 A VOLTA AO APRISCO

Vendo a ovelhinha caída no fosso, Nicolau desceu até lá, cuidadosamente, enquanto os quatro cães o acompanhavam. A branquinha balia muito tristemente, olhando para todos eles com olhos muito ternos. Não podia levantar-se. Nicolau abaixou-se, examinou-a e constatou que a pobrezinha fraturara uma perna.

O bom pastor tirou do bolso o próprio lenço, dobrou-o em sentido enviesado e amarrou-o na perna fraturada da sua ovelhinha querida, a fim de fixá-la para não aumentar mais a fratura. Tomou-a nos braços carinhosamente e saiu do fosso com ela. Anoitecia e as estrelas brilhavam no infinito azul quando Luciana viu que o marido entrava no portão com a ovelha nos braços, ao passo que os cães latiam alegremente.

Num instante o marido e a mulher medicaram a fujona: puseram uma tala de papelão forte, apropriado para tais casos; enfaixaram a perna toda com tiras de pano limpo; deram um calmante para a doente e a puseram no celeiro, sobre um monte de palhas secas, para ela repousar e dormir separada das companheiras, sem ser perturbada.

Depois de tudo pronto, Nicolau lavou-se, deu a ração aos cachorros, a ovelhinha comeu aveia e depois dormiu sossegadamente. Em seguida Nicolau jantou, sentou-se numa poltrona, ao pé da lareira, fez as orações da noite e adormeceu o filhinho nos braços, cantarolando baixinho. Depois disse à Luciana das belas tranças brilhosas, amarradas com fita azul e jogadas para a frente, sobre o peito, em vez de jogadas para trás:

— Luciana, minha querida mulher, não me leve a mal, mas preciso festejar a volta da minha ovelha ao aprisco. Faça uns pastéis e um bolo de amêndoas e chocolate e tire o queijo do armário e os biscoitos daquela lata grande. Faça dois bules grandes de bom café e ponha a mesa: eu vou convidar nossos amigos e os vizinhos para festejarmos o achado feliz da minha ovelhinha...

Luciana respondeu:

— Pois sim, marido, farei o que desejas com muito prazer. E também farei uma sopa de marmelos com pão e uma torta de nozes e maçãs...

Nicolau saiu e convidou os amigos para uma festinha em sua casa. A casa encheu-se de gente, todos comeram e tomaram café. Depois dançaram, cantaram, tocaram gaitas e balalaicas, muito alegres, porque o amigo Nicolau tinha encontrado a ovelhinha perdida.

Quando deu meia-noite, todos se retiraram, a festa acabou, pois no dia seguinte todos eles teriam de ir cedo para o trabalho.

Alguns dias depois, a ovelhinha estava completamente curada. Mas o menino André tinha se afeiçoado muito a ela e agora não mais queria separar-se dela. Enquanto a branquinha esteve doente, André ajudara a mãe a tratá-la: levava para ela o milho, a aveia, a água, o feno e mudava as palhas secas onde ela dormia, todas as manhãs. A ovelhinha e ele ficaram amigos inseparáveis. Vendo que a sua amiguinha sarara, o menino temeu perdê-la, pois teria de voltar para o pasto, com as outras. Então ele disse ao pai:

— Paizinho, deixa esta ovelha ficar comigo para sempre? Quer fazer-me presente dela? Eu tratarei dela com muito cuidadinho e amor...

O pai consentiu. A ovelhinha passou a ser propriedade do menino André, que contava três anos de idade. Ele possuía um carrinho feito de tábuas de caixote. A ovelhinha puxava o caixote e André ia sentado dentro dele, passeando pelas ruas da aldeia.

Xugo-Nugo, Barxiquiri, Cossaco e Florcheirosa iam com ele, protegendo o passeio. Eram todos amigos. Nunca mais a ovelhinha quis sair de perto do pastor e são todos felizes até hoje.

## Moral da história

Quando Jesus viveu neste mundo, disse, certa vez, a seus discípulos:

Qual dentre vós é o homem que, possuindo cem ovelhas e perdendo uma delas, não deixa no deserto as noventa e nove e vai em busca da que se perdeu, até encontrá-la? Achando-a, põe-na sobre os ombros, cheio de júbilo. E, indo para casa, reúne os amigos e vizinhos, dizendo-lhes: alegrai-vos comigo, porque já achei a minha ovelha perdida. (LUCAS, 15:4 a 6. MATEUS, 18:10 a 14.)

De outra vez, Jesus disse: *Eu sou o bom pastor. O bom pastor dá a própria vida pelas suas ovelhas.* (JOÃO, 10:11.)

A história que acabamos de narrar foi inspirada nesses ensinamentos de N.S. Jesus Cristo. Assim é que:

a) Nicolau simboliza o bom Pastor do Evangelho, isto é, Jesus Cristo.

b) As ovelhas que iam ao campo com Nicolau somos nós, a humanidade.

c) A ovelhinha rebelde é o homem pecador, que se desvia dos ensinamentos do bom Pastor e se entrega aos erros e às más paixões do mundo.

d) O lobo representa as tentações do mundo, os perigos que cercam a pessoa que se desvia do bom caminho traçado por Deus para a nossa felicidade.

e) A casa de Nicolau representa a segurança, a paz do nosso lar paterno, o qual devemos amar, respeitar e honrar sem jamais nos afastarmos dele, pois em nenhuma outra parte do mundo encontraremos tanto amor, tanto zelo por nós nem tanta justiça como no lar de nossos pais.

f) O menino André representa o nosso próximo, a quem nós devemos amar e servir devotamente, para reparar nossas faltas passadas por meio do amor e do trabalho, dando cumprimento à Lei de Deus, que é "Amor a Deus sobre todas as coisas e ao próximo como a si mesmo".

g) Luciana é o símbolo do amor materno, sempre pronto a nos socorrer quando sofremos, pois as mães são anjos da guarda inspirados pelo Céu para nos agasalhar e proteger no mundo.

h) O estábulo das ovelhas é o símbolo da nossa morada espiritual, o qual devemos fazer por onde merecer enquanto vivemos sobre a Terra, seguindo sempre o bem que a Doutrina de Jesus aconselha.

i) A festa oferecida por Nicolau aos amigos e vizinhos é a revelação da alegria que existe no mundo espiritual, entre Jesus e os nossos guias protetores, quando o pecador se arrepende e volta para o caminho que conduz a Deus: "Digo-vos, pois, que haverá maior júbilo no Céu por um só pecador que se arrepende do que por noventa e nove justos que não necessitam de arrependimento." — disse Jesus. (LUCAS, 15:7)

j) E a festa que Nicolau ofereceu aos amigos não foi em homenagem às noventa e nove ovelhinhas obedientes, que estavam no aprisco, mais em regozijo pela volta daquela rebelde, que fugira dele.

Como vemos, o Evangelho de Jesus Cristo existe nos acontecimentos de nossas vidas. Sejamos obedientes aos seus mandamentos para merecermos a honra de sermos considerados verdadeiros discípulos do Cristo de Deus.

*Assim, pois, não é da vontade de vosso Pai celeste que pereça um só destes pequeninos.* (MATEUS, 18:14).

## Vocabulário

Alfafa — Planta da família das leguminosas, divisão papilionáceas, conhecida como excelente alimento para os animais herbívoros.

Balalaica — Instrumento musical de cordas, muito usado pelos russos.

Bornal — Sacola onde são carregadas provisões alimentícias, merendas para viagens.

Bucólicas — Poesias ou músicas pastoris, simples, graciosas, inocentes.

Cajado — Bordão de pastor, com a extremidade superior arquejada; bastão; bengala muito grande.

Celeiro — Casa em que se ajuntam ou guardam cereais; depósitos de provisões, de gêneros alimentícios, mansões agrícolas.

Lareira — Lage em que se acende o fogo, a fim de cozinhar ou aquecer, durante o inverno, nos climas frios. Lar.

Orla — Borda, barra, beira, margem; debrum, cercadura.

Ribeirinho — Rio pequeno, pequeno ribeiro, ou riozinho.

Ruminando — Ato de ruminar. Tornar a mastigar; remover os alimentos que voltam do estômago à boca. Em sentido figurado, pensar muito em alguma coisa; refletir muito sobre algo. Os animais ruminantes são os que têm o casco rachado ou ungulados: boi, cabrito, ovelha, camelo, carneiro, dromedário, etc.

## O Amigo

Se o mundo te gritar que estás sozinho,
E que os homens jamais te ajudarão,
Pensa que tendo Cristo em teu caminho
Os bens da vida não te faltarão.

    E se alguém te lançar sangrento espinho,
      Ou desviar de tua boca o pão,
      Não lhe negues a taça do teu vinho,
      E estende-lhe, na queda, a tua mão.

Só assim saberás que anda contigo
O companheiro que não falta à mesa
Da casa do argentário, ou de um mendigo.

    Na companhia desse amigo certo,
     Tua fraqueza parecerá grandeza
     E dadivoso e alegre o teu deserto!

          PEREIRA BRASIL

| AS TRÊS REVELAÇÕES ||||| 
|---|---|---|---|---|
| EDIÇÃO | IMPRESSÃO | ANO | TIRAGEM | FORMATO |
| 1 | 1 | 2014 | 30 | 16x23 |
| 1 | 2 | 2014 | 3.000 | 16x23 |
| 1 | 3 | 2014 | 5.000 | 16x23 |
| 1 | IPT* | 2023 | 100 | 15,5x23 |
| 1 | IPT | 2024 | 150 | 15,5x23 |
| 1 | IPT | 2025 | 130 | 15,5x23 |

*Impressão pequenas tiragens

# CARIDADE: AMOR EM AÇÃO

SEDE BONS E CARIDOSOS: essa a chave que tendes em vossas mãos. Toda a eterna felicidade se contém nesse preceito: "Amai-vos uns aos outros". KARDEC, Allan. *O evangelho segundo o espiritismo*, cap. 13, it. 12.

A Federação Espírita Brasileira (FEB), em 20 de abril de 1890, iniciou sua *Assistência aos Necessitados* após sugestão de Polidoro Olavo de S. Thiago ao então presidente Francisco Dias da Cruz. Durante oitenta e sete anos, esse atendimento representava o trabalho de auxílio espiritual e material às pessoas que o buscavam na Instituição. Em 1977, esse serviço passou a chamar-se Departamento de Assistência Social (DAS), cujas atividades assistenciais nunca se interromperam.

Desde então, a FEB, por seu DAS, desenvolve ações socioassistenciais de proteção básica às famílias em situação de vulnerabilidade e risco socioeconômico. Fortalece os vínculos familiares por meio de auxílio material e orientação moral-doutrinária com vistas à promoção social e crescimento espiritual de crianças, jovens, adultos e idosos.

Seu trabalho alcança centenas de famílias. Doa enxovais para recém-nascidos, oferece refeições, cestas de alimentos, cursos para jovens, serviços de convivência e fortalecimento de vínculos para idosos e organiza doações de itens que são recebidos na Instituição e repassados a quem necessitar.

Essas atividades são organizadas pelas equipes do DAS e apoiadas com recursos financeiros da Instituição, dos frequentadores da Casa e por meio de doações recebidas, num grande exemplo de união e solidariedade.

Seja sócio-contribuinte da FEB, adquira suas obras e estará colaborando com o seu Departamento de Assistência Social.

**FEB editora**
Livro espírita para um novo mundo
www.febeditora.com.br
@febeditoraoficial
@febeditora

Conselho Editorial:
*Carlos Roberto Campetti*
*Cirne Ferreira de Araújo*
*Evandro Noleto Bezerra*
*Geraldo Campetti Sobrinho – Coord. Editorial*
*Jorge Godinho Barreto Nery – Presidente*
*Maria de Lourdes Pereira de Oliveira*
*Miriam Lúcia Herrera Masotti Dusiv*

Produção Editorial:
*Elizabete de Jesus Moreira*

Revisão:
*Affonso Borges Gallego Soares*
*Anna Cristina de Araújo Rodrigues*
*Jorge Leite*

Capa e Diagramação:
*Rones José Silvano de Lima – instagram.com/bookebooks_designer*

Projeto gráfico:
*Ingrid Saori Furuta*

Foto de Capa:
*Vitaly Korovin | Shutterstock.com*

Normalização Técnica:
*Biblioteca de Obras Raras e Documentos Patrimoniais do Livro*

Esta edição foi impressa no sistema de Impressão pequenas tiragens, em formato fechado de 155x230 mm e com mancha de 116x180 mm. Os papéis utilizados foram Off white 80 g/m² para o miolo e o Cartão 250 g/m² para a capa. O texto principal foi composto em Minion Pro 11,5/15,2 e os títulos em FilosofiaGrandCaps 24/25. Impresso no Brasil. *Presita en Brazilo.*